MIRELA STANLY

Unnützes Wissen HANNOVER

711 ERSTAUNLICHE FAKTEN

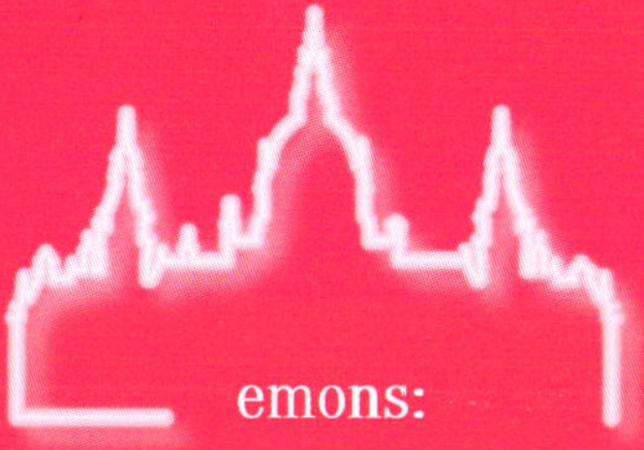

emons:

Bibliografische Information der Deutschen Nationalbibliothek

Die Deutsche Nationalbibliothek verzeichnet diese Publikation in der Deutschen Nationalbibliografie; detaillierte bibliografische Daten sind im Internet über http://dnb.d-nb.de abrufbar.

Konzept, Satz und Gestaltung: Weusthoff Noël, kommunikation . design, Hamburg

Umschlaggestaltung: Weusthoff Noël, kommunikation . design, Hamburg

Lektorat: Marit Borcherding, München

Abbildungen: © Mirela Stanly

Druck und Bindung: CPI – Clausen & Bosse, Leck

ISBN 978-3-7408-0101-4

»WISSEN IST MACHT, UNNÜTZES WISSEN MACHT SPASS!«

ES GIBT BÜCHER ÜBER HANNOVER, über 111 Orte in Hannover, die man gesehen haben muss, über die Expo 2000, über Bullis und Leibniz-Kekse, über Hannoveraner Pferde und Hannoversche Schweißhunde, über Hannover 96 …

Und jetzt gibt es auch ein Buch mit unnützen Fakten über Hannover. Einfach, knapp, unverschnörkelt.
Unnütz, aber nicht nutzlos.
Denn manche Fakten darin scheinen nur auf den ersten Blick unnütz. Wie zum Beispiel dieser:

»DIE MARKTKIRCHE HAT AUF IHREM ZIFFERNBLATT DIE RÖMISCHE ZAHL 4 ALS IV STEHEN, OBWOHL SIE IN DER UHRMACHERKUNST MIT VIER STRICHEN IIII DARGESTELLT WIRD (WIE Z.B. AUF DER KRÖPCKE-UHR).«

Wenn du dich mit Freunden am Kröpcke verabredet hast und ihr noch auf die Nachzügler wartet, kannst du ja mal als Gag den Test machen. Du bittest einen Freund, die Zahl 4 in römischen Ziffern aufzuschreiben. Wenn er dir dann »IV« präsentiert, sagst du ihm, er soll sich mal umdrehen und auf die Kröpcke-Uhr gucken. Die meisten sehen diese vier Striche verblüfft zum ersten Mal, obwohl sie schon so oft in ihrem Leben an der Kröpcke-Uhr gewartet haben oder an ihr vorbeigegangen sind.

Auch dieser Fakt wirkt zunächst total unnütz:

»DIE ZU PAPUA-NEUGUINEA GEHÖRENDE INSEL LAVONGAI WIRD IM ENGLISCHSPRACHIGEN RAUM NEW HANOVER ISLAND GENANNT.«

Wahrscheinlich wirst du niemals in diesen gebirgigen Flecken Erde kommen, in dem die einzigen beiden bekannten Säugetierarten zwei Fledermausarten sind.
Wozu also könntest du diesen Fakt gebrauchen?

Stell dir vor, du bist eines Tages auf einer Party, bei der jemand mit seinen Hannover-Kenntnissen prahlt und »Insiderwissen« aus »TripAdvisor.de« zum Besten gibt. Dann wirf doch einfach mal diesen Fakt in die Runde! Mal sehen, was er darauf zu erwidern weiß. Und dann trittst du noch nach mit:

»EINER DER SIEBEN JAMAIKANISCHEN NATIONALHELDEN WURDE IN DER GEMEINDE HANOVER IN JAMAIKA GEBOREN.«

Genauso kann es dir mit allen 711 in diesem Buch versammelten Fakten ergehen. Was du mit ihnen anfängst, bleibt dir überlassen. Ob du darüber staunst, darüber lachst, damit angibst oder sie einfach als leichte Lektüre auf der Toilette griffbereit hast.

Wir wünschen viel Vergnügen, denn: »Wissen ist Macht, unnützes Wissen macht Spaß!«

Besuch uns auf Facebook:

www.facebook.com/UnnuetzesWissenHannover

001 // MIT DEM TAXI DURCH ALLE STRASSEN HANNOVERS ZU FAHREN, WÜRDE 2.800 EURO KOSTEN.

002 // Hannover ist das ***Sternzeichen Jungfrau*** zugeordnet.

003 // Zwischen den Planeten Mars und Jupiter befindet sich der ***Asteroid Hannover***.

004 // Der Asteroid Hannover wurde nach der ***Geburtsstadt*** des Entdeckers des Uranus, ***Wilhelm Herschel***, benannt.

005 // Der Hannoveraner Gamer HannoverMM hat bei dem Spiel Pokémon Go als Erster ***alle 142 Pokémon gefangen,*** die in Europa gefangen werden können.

006 // Der Karussellbauer Hugo Haase entwickelte 1909 in Hannover die ***erste transportable Achterbahn*** der Welt, die »Super-Acht-Bahn«. Nach ihrem Vorbild werden noch heute mobile Fahrgeschäfte gebaut.

007 // Während der ersten professionellen Fotosession der damals noch unbekannten ***Beatles*** beim Volksfest »Hamburger Dom« sitzen sie auf einem Anhänger, auf dem »Hugo Haase Hannover« steht.

BHF BANK
BHF BANK
TAXI
Gessner & Jacobi
HalloTaxi 3811

008 // DER HANNOVERANER FERNMELDETURM TELEMAX IST UNGEFÄHR SO HOCH WIE 62 GIRAFFEN.

009 // Das höchste Tier im Zoo Hannover war 2016 mit ***4,5 Metern*** die Giraffenkuh »Juji«.

010 // Die ***erste Verkehrsampel*** in Hannover wurde 1931 am Kröpcke, der damals noch keinen Namen hatte, aufgestellt.

011 // Der Hannoveraner Jens Gerke besitzt mit 900 Exemplaren die ***größte Quietscheenten-Sammlung*** Deutschlands.

012 // Das ***Himmelreich*** lag bis 1889 in Hannover. Es war der Name eines kleinen Platzes zwischen Friederikenplatz und Friedrichswall.

013 // Der ***Miegelweg*** in Hannover-Badenstedt wurde im August 2016 in ***Igelweg*** umbenannt.

014 // Bei der Hannoveraner Schulmeisterschaft im Lebensmittelhandwerk 2015 gewann in der Kategorie »Fleischfachverkäufer« Patricia Schmidt mit dem ***Neuen Rathaus aus Würsten***.

015 // 91 PROZENT DER HANNOVERANER LEBEN SEHR GERN ODER GERN IN IHRER STADT.

016 // In Hannover wurden im Mittelalter und zu Beginn der Neuzeit mindestens 30 Menschen in ***Hexenprozessen*** angeklagt, 27 von ihnen starben auf dem Scheiterhaufen oder im Gefängnis.

017 // 2014 gab es in Hannover 6.861 Verstöße wegen ***Telefonierens am Steuer***, 2015 schon 8.523 und nur im ersten Halbjahr 2016 bereits 4.958.

018 // Der älteste Abdruck einer ***Hauskatze*** in Hannover stammt aus dem Jahr 1388. Sie hatte ihn in einem trocknenden Ziegel der Marktkirche hinterlassen.

019 // Ein ***Tourist*** gibt pro Aufenthaltstag durchschnittlich ***44,10 Euro*** in Hannover aus.

020 // Der Chef der in Hannover gegründeten Firma »Appel«, Heinz Appel, erfand 1912 das Wort ***Feinkost,*** indem er das französische »Délicatesse« eindeutschte.

021 // ***Alle Stadtteile*** Hannovers hintereinander geschrieben, ergibt ein Wort mit 450 Buchstaben.

022 // IN HANNOVER IST SEIT 1890 AUF DER ALTEN RATHS-APOTHEKE ECKE KÖBERLINGERSTRASSE EIN EINHORN ANGEBRACHT, DAS BEI APOTHEKERN FÜR MAGISCHE HEILKRAFT STEHT.

023 // In der Köberlingerstraße 6 befand sich das Vereinshaus der ***Freimaurerloge »Friedrich zum weißen Pferde«.***

024 // Einer der sieben ***jamaikanischen Nationalhelden*** wurde in der Gemeinde Hanover in Jamaika geboren.

025 // Am zweiten Adventswochenende 2016 stiegen ***Einbrecher*** in der Wohnung von ***Hannovers Polizeipräsident*** Volker Kluwe ein und erbeuteten Bargeld und Schmuck.

026 // Die ursprünglich ***silber-grünen Busse der üstra*** bekamen 1999 vom englischen Designer James Irvine anlässlich der Expo 2000 erstmals einen ***orangen Streifen***.

027 // ***James Irvine*** designte neben den üstra-Bussen eine ***Knoblauchpresse*** für WMF und den ***Schaukelstuhl*** Gunghult von Ikea.

028 // DIE STYLISCHEN HALTESCHLAUFEN AUS RINDSLEDER MIT DEM DREI-ECKIGEN METALLTEIL WURDEN VON JAMES IRVINE URSPRÜNGLICH FÜR DIE STADTBUSSE KREIERT, AUFGRUND IHRES ERFOLGES ABER AUCH IN DEN STADT-BAHNEN ÜBERNOMMEN.

---

029 // Die ***ausgemusterten Irvine-Busse*** fahren heute unter anderem in Gabrowo in Bulgarien und Klaipėda in Litauen.

030 // In Hannover kann man an der Tanz- und Theaterschule TuT für etwa 10.000 Euro eine dreieinhalbjährige ***Ausbildung zum Clown*** absolvieren.

031 // Die Firma Pelikan an der Podbielskistraße brachte 1935 den ***ersten Deckfarbkasten*** der Welt für Schüler auf den Markt.

032 // Über 2.700 Hannoveraner besitzen einen ***kleinen Waffenschein***. Die Zahl der Genehmigungen stieg im ersten Halbjahr 2016 um 50 Prozent.

033 // Es gibt über 100 Orte, Flüsse und Buchten in der Welt, die ***nach Hannover benannt*** sind, aber nur ein einziges, Hannover nämlich das in North Dakota, schreibt sich mit zwei »n«.

034 // Allein in den ***USA*** heißen 93 Städte, Flüsse oder Buchten Hanover, sechs in ***Südafrika,*** drei in der ***Karibik*** und zwei in ***Chile.***

035 // IN HANNOVER WERDEN FÜR STÄDTETOURISTEN 1.860 WOHNUNGEN ÜBER INTERNETPORTALE WIE AIRBNB ZUR VERMIETUNG ANGEBOTEN.

036 // 2012 bekam der Hannover-96-Spieler Szabolcs Huszti im Bundesligaspiel gegen Werder Bremen ***zweimal die Gelbe Karte*** für verbotenen Torjubel über ein und dasselbe Tor. Er war auf den Zaun des eigenen Fanblocks gestiegen und hatte sich das Trikot ausgezogen, was als zwei Verstöße gewertet wurde.

037 // Im 14. Jahrhundert war es in Hannover verboten, ***Kot vor das Grundstück des Nachbarn*** zu fegen.

038 // Von 1861 an durften in Hannover ***Fäkalien nur noch in geschlossenen Behältern*** transportiert werden.

039 // Würde man von Hannover aus ein ***Loch durch den Mittelpunkt der Erde bohren,*** käme man auf der anderen Seite im südwestlichen Pazifik heraus. Der nächste bewohnte Ort ist die neuseeländische Insel Pitt Island mit 45 Einwohnern.

040 // Eine Hannoveranerin hat sich 2006 einen alten ***Hannover-Stadtplan*** auf den Rücken ***tätowieren*** lassen.

041 // IN ALLEN BUSSEN DER ÜSTRA HABEN 19.055 MENSCHEN PLATZ, DIE ETWA DREIMAL DIE AUSVERKAUFTE SWISS LIFE HALL FÜLLEN.

042 // Der Bunker in der Torstenssonstraße ist der ***letzte Atomschutzbunker*** in Niedersachsen.

043 // In dem Atomschutzbunker sind noch ***Bedarfsgegenstände für den Ernstfall*** aus den 1960ern gelagert: Tausende originalverpackte Damenbinden, Nuckelflaschen, Bürsten, alte Nivea-Dosen, Mülltonnen, Spitzhacken, Essbesteck, Teller und Löffel.

044 // Der Sänger der Rockgruppe ***Steppenwolf*** (»Born To Be Wild«), John Kay, heißt eigentlich Joachim Fritz Krauledat und besuchte als ostpreußisches Flüchtlingskind die ***Waldorfschule in Hannove***r.

045 // In einen leeren ***VW Bulli*** der ersten Generation passen insgesamt ***1.040.325 Leibniz-Kekse.***

046 // Das russische Wort für Hannover **»Ганновер«** wird so ausgesprochen: ***»Gannover«***.

047 // In den 1920ern veröffentlichte die Firma Bahlsen erstmals ein Rezept für ***»Schokoladenkuchen aus Leibniz-Keks«***. Bekannt wurde diese Süßspeise unter dem Namen »Kalter Hund«.

048 // IN HANNOVER HAT JEDER ZWEIEINHALBTE EIN AUTO.

049 // Die ***höchste Dichte an Autos*** gibt es im Stadtteil Hannover-Lahe, wo für insgesamt 1.827 Einwohner 1.852 Autos angemeldet sind.

050 // Der Hannoveraner Tapeziermeister Ferdinand Sichel erfand 1889 den ***Tapetenkleister.***

051 // Von den 415.000 ***Stromzählern*** der Stadtwerke im Raum Hannover sind jährlich durchschnittlich 27 defekt.

052 // Im Vorgarten der Firma Pelikan an der Podbielskistraße wurden in den 1960ern und 1970ern im Sommer ***zwei lebende Pelikane*** gehalten. Den Winter überdauerten sie im Zoo Hannover.

053 // Auf dem ***ersten Logo*** der Firma Pelikan waren drei Pelikan-Küken zu sehen, dann kam ein viertes dazu. Ab 1937 waren es zwei stilisierte Küken, und seit 2003 ist es nur noch eines.

054 // DAS NEUE RATHAUS WURDE 2015 AUF PLATZ 80 DER 100 BELIEBTESTEN REISEZIELE DEUTSCHLANDS GEWÄHLT.

055 // In Hannover sind mit über 231.000 die fünftmeisten Internetadressen in Deutschland mit der ***Endung ».de«*** angemeldet.

056 // Im 18. Jahrhundert trug die bürgerliche Oberschicht im Königreich Hannover die Bezeichnung ***»Hübsche Familien«***.

057 // Da die »Hübschen Familien« in der Hierarchie des Staatsdiensts den Rang von ***Geheimen Sekretären*** hatten, wurde ihr Stand auch »Sekretographie« genannt.

058 // In der ***Gebärdensprache*** wird für »Hannover« der Buchstabe H und ein Wasserlauf gezeigt. Innerhalb Hannovers deuten einige für »Hannover« das Lüttje-Lage-Trinken an.

059 // Die von »Passarelle« in ***»Niki-de-Saint-Phalle-Promenade«*** umbenannte Einkaufsunterführung am Hauptbahnhof hat damit im Jahr 2002 einen um 20 Buchstaben längeren Namen bekommen, das sind dreimal so viele wie zuvor.

060 // Jedem Hannoveraner steht durchschnittlich einen ***Wohnraum von 41,81 Quadratmetern*** zur Verfügung.

061 // WÄHREND DER INFLATION IN DEN 1920ERN KOSTETE EINE PACKUNG »LEIBNIZ BUTTERKEKS« 400 MILLIARDEN MARK.

062 // Der berühmte Hannoveraner ***Dadaist Kurt Schwitters*** entwickelte als Werbetexter für Bahlsen u. a. den Slogan »Keks ist Fortschritt«.

063 // Im Kultfilm »Zurück in die Zukunft« wird Marty McFly von libyschen Terroristen in einem ***blau-weißen VW Bulli verfolgt***.

064 // Im ***ältesten Restaurant der Altstad***t, der Kreuzklappe im Kreuzkirchenviertel, verkehrten in den 1920er-Jahren Schwarzhändler und Prostituierte. In den 1930ern war es ein beliebter Treffpunkt von SA-Männern, und seit 1972 ist es ein türkisches Lokal.

065 // Das beliebteste Liefer-Essen in Hannover ist ***Pizza Salami***.

066 // Nach Pizza und Burgern belegt ***Gyros*** in Hannover Platz 3 der beliebtesten Liefer-Bestellungen, gefolgt von Asia-Food und Döner.

067 // In Hannover gibt es 300 rein ***griechische Restaurants***.

068 // HEINZ-FRIEDRICH HARRE UND REINHARD LÜSCHOW SCHLOSSEN AM 1. AUGUST 2001 IM ALTEN RATHAUS VON HANNOVER ALS ERSTES PAAR IN DEUTSCHLAND EINE EINGETRAGENE LEBENSPARTNERSCHAFT.

069 // Die amtierenden ***Bruchmeister des Schützenfests*** Hannover bekommen eine einmalige Aufwandsentschädigung von je 175 Euro für das ganze Jahr.

070 // Der Stammbaum der Hunderasse ***»Hannoverscher Schweißhund«*** ist bis in die Keltenzeit ab etwa 500 v.Chr. zurückzuverfolgen.

071 // Der »Hannoversche Schweißhund« hat laut ***Rasselexikon*** des Verbands für das deutsche Hundewesen eine »ruhige und sichere Wesensart, ist empfindsam gegenüber seinem Führer« und ist »wählerisch und zurückhaltend gegenüber Fremden«.

072 // Hannover 96 hatte in der Saison 2015/2016 bei ***sozialen Netzwerken*** wie Facebook, Instagram, Twitter, YouTube, Periscope oder Google+ 669.000 Fans und Follower.

073 // Volkswagen hat mit 15.000 Menschen ***die meisten Beschäftigten*** im Raum Hannover.

074 // Pro Jahr fahren mit Hannovers Öffentlichen ungefähr 55.000 Menschen ***schwarz.***

075 // DER NAME »LISTER MEILE« WURDE 1975 MITHILFE EINES NAMENSWETTBEWERBS DER »HANNOVERSCHEN ALLGEMEINEN ZEITUNG« GEFUNDEN.

076 // Jeder Einwohner gibt in Hannover durchschnittlich ***496 Euro im Monat*** für Nahrung, Kleidung, Gesundheitspflege, Bildung und Unterhaltung aus.

077 // Der 1922 in Hannover gegründete Büroartikelhersteller Läufer brachte 1965 den ***ersten Plastikradiergummi*** der Welt auf den Markt.

078 // Der 1891 in Linden geborene ***»König der Tätowierer«*** Christian Warlich war der erste Berufstätowierer Deutschlands und der erste, der in Deutschland mit einer elektrischen Tätowiermaschine arbeitete.

079 // Der Hannoveraner Manfred Kohrs gründete 1977 das erste Tattoostudio Hannovers und die ***erste deutsche Tätowier-Vereinigung***.

080 // Kohrs war der Erste weltweit, der zusammen mit seinem Lehrer Horst Streckenbach ***Piercing-Barbells,*** das sind Metallstifte mit Kugeln, beispielsweise für Brustwarzen, anbot.

081 // In Hannover gibt es von »Am Ahlener Holz« bis »Am Wullwinkel« 145 ***Straßen, die mit »Am« beginnen***.

082 // IN HANNOVER KLEBEN 25.000 AUSGESPUCKTE KAUGUMMIS AUF DEM PFLASTER DER INNENSTADT.

083 // Platz 11 und 12 der größten Messegelände weltweit, Feria Valencia und Crocus Expo IEC Moskau, haben zusammen weniger Fläche als das ***größte Messegelände der Welt*** in Hannover.

084 // Die letzte ***Völkerschau*** im Zoo Hannover 1932 hieß »Tellerlippennegerinnen und Buschmänner«.

085 // Der erste aus Deutschland stammende ***komplett computeranimierte Kinofilm*** »Back to Gaya« wurde von der Hannoveraner Firma Ambient Entertainment in der Südstadt produziert.

086 // Auch »Urmel aus dem Eis«, »Urmel voll in Fahrt« und ***der erste 3-D-Animationsfilm Deutschlands*** »Konferenz der Tiere« kommen aus Hannover.

087 // Das ***Schützenfest Hannover*** ist das größte der Welt. Das Eidgenössische Schützenfest in der Schweiz hat zwar mehr teilnehmende Schützen, ist aber ein reiner Schießwettbewerb und kein Volksfest.

088 // Der ***siebente Millionär*** bei »Wer wird Millionär« war ein Hannoveraner.

089 // ALLE HUNDE HANNOVERS HINTERLASSEN PRO TAG ETWA ACHT TONNEN KOT AUF DEN STRASSEN.

090 // In Hannover kommen auf ***einen Tierarzt 210 Hunde***.

091 // Die ***Hundesteuer*** für einen gefährlichen Hund beträgt in Hannover 600 Euro pro Jahr. In Berlin zahlen Besitzer solcher Hunde 120 Euro.

092 // Jeder Hannoveraner gibt pro Jahr durchschnittlich 67, 73 Euro für nicht verschreibungspflichtige ***Arzneimittel*** aus.

093 // Am Kronsberg wird in einer für 7 Millionen Teile ausgelegten Halle der ***Internethandel*** des Modelabels Esprit abgewickelt.

094 // In einer Wohnung im ***Ihme-Zentrum*** in Hannover-Linden stellte die Terror-Vereinigung ***RAF*** in den 1970er-Jahren Waffen und gefälschte Ausweise her.

095 // Die von einem Bekannten beantragten ***Ausweise,*** die die ***NSU-Terroristen*** Böhme und Mundhardt bei sich trugen, wurden in Hannover ausgestellt.

096 // Deutschlands ***erstes CinemaxX-Kino*** in der Nikolaistraße und das größte Premium-Kino, das »Astor Grand Cinema«, wurden beide in Hannover vom Kinobetreiber Hans-Joachim Flebbe eröffnet.

097 // IN DER HDI-ARENA VON HANNOVER 96 GIBT ES 96 PRESSEPLÄTZE.

098 // Ein Ortsteil der Gemeinde Berne in Niedersachsen heißt ***Hannöver.***

099 // Die ***deutsche Stimme von Angelina Jolie***, die seit 2014 in der ARD auch die berühmten Worte »Hier ist das Erste Deutsche Fernsehen mit der Tagesschau« spricht, gehört Claudia Urbschat-Mingues. Sie absolvierte eine Schauspielausbildung an der Hochschule für Musik und Theater Hannover.

100 // ***Samuel Koch***, der seit seinem Unfall bei »Wetten, dass …?« querschnittsgelähmt ist, hatte zwei Monate vor der Show ein Schauspielstudium an der ***Hochschule für Musik, Theater und Medien Hannover*** begonnen, das er 2014 erfolgreich abschloss.

101 // Die Abkürzung ***HMTMH*** für die Hochschule für Musik, Theater und Medien Hannover kann man ***von vorn und von hinten*** lesen.

102 // Die Patenschaft für ein ***Wasserschwein*** im Erlebnis-Zoo Hannover kostet ***500 Euro*** jährlich, für ein ***Nashorn zahlt man 3.000 Euro***.

103 // BEI DER KÖNIGSWORTHER BRÜCKE HAT EIN SPASSVOGEL DAS SCHILD »FLASCHENPOSTAMT« MIT EINEM PFEIL ZUR LEINE ANGEBRACHT.

104 // Am selben Pfosten befand sich zeitweise ein Schild mit der Aufschrift »Fritz-Haarmann-Weg«. Diesen Hinweis auf den Serienmörder Haarmann, genannt der ***Vampir von Hannover***, der seine Opfer auch in der Leine versenkte, hat die Stadt wieder entfernt.

105 // Die Kundenzeitschrift der der Stadtwerke Hannover druckte 2004 ein ***Würfelspiel*** namens »Haarmann-Schleife« ab. Die Ausgabe musste eingestampft werden.

106 // Der Kopf des 1925 enthaupteten Serienmörders Fritz Haarmann wurde 89 Jahre lang ***in Formalin eingelegt*** im Institut für Rechtsmedizin der Georg-August-Universität Göttingen aufbewahrt, wo er 2014 eingeäschert und anonym begraben wurde.

107 // Das sinfonische ***Blasorchester der Feuerwehr*** Hannover heißt OPUS 112.

108 // Der ***Pelikan*** aus dem Familienwappen des Firmenleiters von Pelikan Günther Wagner wurde 1871 als eines der ***ersten Warenzeichen*** Deutschlands angemeldet.

109 // DER VW-TOWER, DER SEIT 1992 TELEMORITZ GENANNT WIRD, HIESS IM VOLKSMUND IN DEN 1960ERN PUSTEBLUME.

---

110 // Hannover heißt ***auf Chinesisch »Hàn nuò wēi«***. Einzeln können die Wörter auf Chinesisch aber auch diese Bedeutung haben: Schreibpinsel, anmutig, winzig.

111 // Die in Linden gegründeten Geha-Werke produzierten 1950 den ***ersten Füllfederhalter mit Tintenpatrone*** in Deutschland.

112 // Der bekannte ***MAD-Zeichner*** Sergio Aragonés benutzt für seine Cartoons einen Füllfederhalter von Pelikan.

113 // Der Name Bulli für den VW-Bus war jahrzehntelang nur inoffiziell, da der Pistenraupenhersteller Kässbohrer die ***Rechte am Namen »Bully«*** besaß. Zum 60. Geburtstag des VW-Busses 2007 verkaufte Kässbohrer die Rechte an VW.

akut...
UNZÄHLIGE MÖGLICHKEITEN FÜR...
Altenpfleger (m/w)
Pflegehelfer (m/w)
Gesundheits- und Krankenpfleger (m/w)
auch mit Fachweiterbildung ITS/ANÄ/OP
Erzieher (m/w)
Medizinische Fachangestellte (m/w)
Heilerziehungspfleger (m/w)
UND ANDERE BERUFSGRUPPEN
noosou
noodles soups
bar
kitchen

114 // Im European Cheese Center in Misburg-Anderten kann man sich zum ***diplomierten Käsesommelier*** ausbilden lassen.

115 // Die Hannoveranerin ***Lena Meyer-Landruth*** verewigte sich nach ihrem Sieg beim Songcontest 2010 im ***Goldenen Buch*** der Stadt mit den Worten: »Wow, verdammte Axt ist das geil! Dankeschönst Leni«

116 // DER SUPERSTAR DER VEGANEN SZENE, ATTILA HILDMANN, ERÖFFNETE DEN ERSTEN MINI-STORE MIT SEINEN PRODUKTEN IM CAVALLO IN HANNOVER.

117 // Bei der üstra sind ***60 Kontrolleure*** fest angestellt, sie werden von 20 Mitarbeitern der Sicherheitsfirma Protec unterstützt.

118 // Straßenbahn-Kontrolleure der Sicherheitsfirma Protec erhalten im Gegensatz zu den bei der üstra angestellten Mitarbeitern ***Fangprämien*** von bis zu 800 Euro zusätzlich im Monat.

119 // In Hannover werden pro Tag statistisch gesehen ***0,8 Autos gestohlen***, im Raum Hannover 2,3 pro Tag.

120 // Der ***Hannover-Tatort*** mit Maria Furtwängler ist mit durchschnittlich 10,41 Millionen Zuschauern der zweitbeliebteste aller Tatorte nach dem aus Münster.

121 // Der junge Kunststudent Klaus Kutzner bekam 1975 für den Entwurf des bis heute verwendeten ***»Ballerkalle«-Logos*** des Schützenfests Hannover 1.500 D-Mark.

122 // Klaus Kutzner, der den ***Schützenfest***-»Ballerkalle« erfunden hat, ist heute als Trainer der spirituellen »Oneness«-Bewegung tätig, die den ***inneren Frieden*** propagiert.

123 // IN HANNOVER ERLEDIGEN 40 PROZENT IHRE EINKÄUFE MIT DEM AUTO, 20 PROZENT MIT DEM FAHRRAD, 27 PROZENT ZU FUSS UND ACHT PROZENT MIT ÖFFENTLICHEN VERKEHRSMITTELN.

124 // 30 Prozent der Hannoveraner shoppen ***lieber online*** und gehen selten in die City.

125 // In den 1960er-Jahren hatte Hannover 96 einen lebenden Schimpansen als Maskottchen, der ***Popo*** hieß.

126 // Seit dem 1. Januar 2017 ist in allen Verkehrsmitteln der üstra das ***Trinken von alkoholischen Getränken verboten***. Mitfahren im alkoholisierten Zustand ist aber weiterhin erlaubt.

127 // Der ***Hanomag 2/10 PS*** der Hannoverschen Maschinenwerke AG mit dem Spitznamen ***»Kommissbrot«*** war 1925 der erste deutsche Kleinwagen vom Fließband.

128 // Meister Röhrich in den ***»Werner«-Filmen*** fährt einen Lkw »Kurier« von Hanomag.

129 // Würde man alle Einwohner Hannovers ***Schulter an Schulter*** nebeneinanderstellen, ergäbe das eine Luftlinienstrecke von Hannover nach Essen im Ruhrgebiet.

130 // Die Damen des DHC Hannover waren von 2011 bis 2015 jedes Jahr deutsche Meister der 1. Bundesliga in der Sportart ***Lacrosse***.

131 // IN HANNOVER GIBT ES NUR EIN OFFIZIELLES FÜNF-STERNE-HOTEL, DAS KASTENS HOTEL LUISENHOF.

132 // Die 100 Quadratmeter große ***Leibniz-Suite*** in Hannovers einzigem Fünf-Sterne-Hotel kostet zwischen 490 und 1.120 Euro pro Übernachtung.

133 // Mit 148,9 Liter Regen pro Quadratmeter erlebte Hannover 1972 den ***nassesten Juni*** seit Beginn der Wetteraufzeichnungen 1901. Durchschnittlich fallen etwa 73 Liter pro Quadratmeter.

134 // Die ***höchste Ablösesumme*** für einen Fußballspieler zahlte Hannover 96 bisher 2014 an Hoffenheim 1899 für den Stürmer Joselu. Sie betrug fünf Millionen Euro.

135 // Joselu brachte Hannover 96 auch die höchste bis 2016 jemals eingenommene Ablösesumme ein: Für ***acht Millionen Euro*** wechselte er 2015 zum englischen Fußballverein Stoke City.

136 // Die zweitausendste Filiale der Drogeriekette Rossmann im Hannoveraner ***Drachentöterhaus*** ist mit der Verkaufsfläche von 1.500 Quadratmetern die größte Filiale in Europa.

137 // BEREITS 1894 ENTWICKELTE DIE CONTINENTAL REIFEN AG IN HANNOVER DEN »ANTI-SLIPPING PNEU« FÜR FAHRRÄDER, DEN ERSTEN PROFILREIFEN DER GESCHICHTE. 1904 FOLGTE DER ERSTE PROFILREIFEN FÜR AUTOS.

138 // Die hannoversche Continental AG hieß damals noch ***»Continental – Caoutchouc- und Gutta-Percha-Compagnie«.***

139 // Die Hochhaus-Lichtspiele im Anzeiger-Hochhaus sind das ***höchstgelegene Kino*** in Deutschland.

140 // Die zu Papua-Neuguinea gehörende ***Insel Lavongai*** wird im englischsprachigen Raum nach ihrer alten deutschen Bezeichnung Neu-Hannover »New Hanover Island« genannt.

141 // Die komplette ***Software für die Fahrplansuche*** der Deutschen Bahn und zahlreicher anderer Verkehrsunternehmen in ganz Europa, HAFAS, ist ein Produkt des Unternehmens HaCon aus Hannover.

142 // Mehr als ***100 Millionen Routenberechnungen*** werden täglich in 25 Ländern über das HAFAS-System aus Hannover im Internet getätigt.

143 // Die meistgesehene Live-TV-Sendung im NDR, ***»Bingo – die Umweltlotterie«***, wird seit 1997 aus Hannover gesendet, zunächst vom Messegelände, mittlerweile aus einem Studio in der Wohlenbergstraße in Hannover-Brink-Hafen.

144 // DIE MARKTFRAU KAROLINE »OMA« DUHNSEN, DIE ÜBER 50 JAHRE IN DER MARKTHALLE HANNOVER AM STAND VON SCHLACHTER HARDEKOPF FLEISCH VERKAUFTE, WIRD MIT EINER BRONZE-SKULPTUR VOR DER HALLE GEWÜRDIGT, DIE NOCH ZU IHREN LEBZEITEN 1999 VON IHREM STANDKOLLEGEN DIETER »KÄSE« JÄCK GESTIFTET WURDE.

145 // Frischvermählte, die aus dem Standesamt gegenüber der Markthalle kommen, streicheln gemeinsam über den ***Korbgriff der Bronzeskulptur*** von Oma Duhnsen, denn das soll Glück bringen.

146 // 2016 wurden in Hannover von 3,46 Millionen kontrollierten Nutzern der öffentlichen Verkehrsmittel ***71.743 ohne gültigen Fahrschein*** erwischt.

147 // Auf 40.000 Exemplaren der der Druckversion der Telefonbücher für Hannover, Laatzen und Langenhagen des Oeding-Verlags wurde im Jahr 2016 als Notrufnummer für die Polizei ***fälschlicherweise »101«*** gedruckt.

148 // Der zur Aussichtsplattform des ***Neuen Rathauses*** Hannover führende Aufzug ist der einzige ***Bogenaufzug*** der Welt. Beim Fahrstuhl auf den Eiffelturm handelt es sich um einen geradlinigen Schrägaufzug.

149 // Der ***Abstand*** des Fahrkorbs des Bogenaufzugs zum Schacht beträgt an einigen Stellen weniger als fünf Millimeter.

150 // Der Bogenaufzug hat ***fünf Haltestellen***. Für Touristen wird nur die Endhaltestelle angefahren.

151 // ADDIERT MAN DIE BUCHSTABEN VON HANNOVER GEMÄSS IHRER STELLE IM ALPHABET (A=1, B=2, C=3), SO ERHÄLT MAN DIE QUERSUMME 97. DIESELBE QUERSUMME ERGEBEN DIE BUCHSTABEN VON HANNOVERS PARTNERSTADT BLANTYRE.

---

152 // Fast jedes dritte Auto in Europa wird mit ***Reifen*** des Hannoveraner Reifenherstellers Continental ausgeliefert.

153 // Zwischen 1985 und 1989 hackte sich eine Hannoversche Hackergruppe in westliche Computersysteme ein und verkaufte ihre Entdeckungen dem KGB. Dieser Coup wurde als ***KGB-Hack*** bekannt.

UNITY IS STRENGTH
BLANTYRE/MALAWI AFRIKA
PARTNERSTADT HANNOVERS
SEIT 1967

154 // In Bern, Zürich und Basel gibt es auf den Bahnhöfen ebenso wie in Hannover eine ***Passerelle.***

155 // Eine Passerelle ist eigentlich ein Übergang. Auch in den schweizerischen Bahnhöfen führt die Passerelle immer über die Gleise. Nur in Hannover verläuft sie darunter, so dass sie eigentlich eine ***Passage*** ist.

156 // Nach Hannover ***pendeln*** jeden Tag dreimal so viel Menschen wie von Hannover aus pendeln.

157 // Pro Stunde werden in Hannovers Kliniken statistisch gesehen ***0,6 Hannoveraner geboren***.

158 // DIE MEISTEN BABYS KAMEN 2015 IN HANNOVER IN DER MEDIZINISCHEN HOCHSCHULE HANNOVER (MHH) ZUR WELT (2.670), GEFOLGT VON DER HENRIETTENSTIFTUNG (2.185) UND DEM FRIEDERIKENSTIFT (1.879).

---

159 // 2016 gab es noch ***zwei Videotheken*** in Hannover.

160 // Am 18. August 1903 machte auf einer Wiese in Vahrenheide vier Monate vor den Brüdern Wright der hannoversche städtische Angestellte Karl Jatho mit einem selbstgebastelten Motor-Doppeldecker in ein Meter Höhe einen ***18 Meter langen Luftsprung***.

161 // Die Historikerin Vanessa Erstmann zweifelt diesen ersten Motorflug der Geschichte als in den dreißiger Jahren vorgenommene Heldenstilisierung durch die Nazis an. Bei einem Versuch auf dem Flughafen Hannover 2006 war Jathos Flugversuch mit einem Nachbau ***nicht reproduzierbar***.

162 // Die Hannoveraner Timo Gödeke und Pierre Büchner gewannen 2015 als »Duo Piti« die ***Tanzshow »Got to Dance«.***

163 // Vor Fertigstellung des Zoos Hannover 1865 wurden die ersten Tiere in ***provisorischen Käfigen*** an der Stelle der heutigen Hochschule für Musik, Theater und Medien gehalten.

LOUIS

164 // Nur 40 Häuser haben in Hannover die ***Angriffe im Zweiten Weltkrieg*** unbeschadet überstanden.

165 // EIN HANNÖVERSCHER PENNÄLERWITZ ZU DEN DREI DENKMAL-FIGUREN AM OPERNPLATZ LAUTET: »WAS IST DER UNTERSCHIED ZWISCHEN STROMEYER, KARMARSCH UND MARSCHNER?« – »STROMEYER HAT KEINEN, KARMARSCH HAT IHN HINTEN UND MARSCHNER IN DER MITTE.«

---

166 // Die ***Seufzerallee*** an der Leine heißt im Volksmund seit dem 18. Jahrhundert so, offiziell existiert der Name aber erst seit 1957.

167 // Für den Namen Seufzerallee gibt es zwei Erklärungen: Es könnte sich um die Seufzer von ***Liebespaaren*** zwischen den Bäumen handeln oder um ***Lebensmüde,*** die hier ins Wasser springen wollten.

168 // In Hannover gibt es einen ***Handglockenchor***.

169 // 1962 hatte Hannover mit 574.754 den bisherigen ***Höchststand an Einwohnern***.

170 // In einer Zeit, als Frauen nicht ohne die Genehmigung ihres Mannes einen Führerschein bekommen konnten, flog die Hannoveraner ***Flugpionierin Elly Beinhorst*** als erste Frau allein einmal um die Erde (1932), an einem Tag durch zwei Kontinente (1935) sowie an einem Tag durch drei Kontinente (1936).

171 // Eine »Fake-News« des 20. Jahrhunderts war, dass der in Springe geborene Heinrich Göbel mithilfe eines angeblichen Professors namens Münchhausen aus Hannover schon 30 Jahre vor Edison eine ***Glühbirne*** erfunden haben soll.

172 // 1973 WURDEN GEGEN DIE AUFSTELLUNG DER DREI NANAS VON NIKI DE SAINT PHALLE AM LEIBNIZUFER 18.000 UNTERSCHRIFTEN GESAMMELT.

173 // Für die Namen der drei Nanas ***Charlotte, Sophie und Caroline*** standen die Hannoveranerinnen Prinzessin Sophie Charlotte von Hannover, die Astronomin Caroline Herschel und Charlotte Buff, das Vorbild für die Lotte in Goethes »Die Leiden des jungen Werther«, Patin.

174 // Die ***Ehrenbürgerin*** von Hannover, Niki de Saint Phalle, hieß eigentlich Catherine Marie-Agnès Fal de Saint Phalle.

175 // Die Straße, die in Döhren-Wülfel zur TÜV Nord Zentrale führt, heißt »***Am TÜV***«.

176 // Der durchschnittliche Hannoveraner ist ***42,5 Jahre*** alt.

177 // 1935 durchquerte der Deutsche Jakob Baulig als Erster mit einem ***Amphibienfahrzeug*** den Ärmelkanal. Es war ein umgebautes Hanomag 2/10 Cabriolet.

178 // Am ***Kronsberg*** nahe dem Messegelände Hannover machen acht Jäger ein- bis zweimal pro Jahr ***Jagd auf Füchse***.

179 // IN HANNOVERS STADTGEBIET LEBEN ETWA 105 FÜCHSE.

---

180 // Der ***Expo-Pavillon des Heiligen Stuhls*** auf der Expo 2000 wurde in der lettischen Stadt Liepaja als Kirche und Pfarrheim St. Meinard wieder aufgebaut.

181 // Auf Hannovers Straßen wurden 2016 pro Stunde durchschnittlich 14,3 ***Temposünder*** geblitzt.

182 // Im Jahr 2015 fanden in Hannover ***226.900 Übernachtungen*** in Privatunterkünften statt.

183 // In den 1960ern gab es in Hannover noch eine ***regionalisierte Stadtsprache***.

184 // Michael Elmentaler, Professor für deutsche Sprachwissenschaft in Kiel, behauptet, dass neben Hannover auch in anderen norddeutschen Städten wie Kiel, Münster oder Rostock genau so ein Deutsch gesprochen wird, das sehr nah an der ***nationalen Aussprachenorm*** liegt, wie in Hannover.

185 // Der Grafiker ***Paul Rademacher*** bekam 1947 für den Entwurf des ***Hermeskopfs***, dem berühmten und bis heute fast unveränderten Logo der Hannover Messe, ein Honorar im Gegenwert von drei Pfund Butter.

186 // DAS PFERD VON ERNST AUGUST AUF DEM DENKMAL VOR DEM BAHNHOF, DAS JEDER ALS DEN TREFFPUNKT »UNTERM SCHWANZ« KENNT, HEISST IBRAHIM.

---

187 // 1986 wurde das Ernst-August-Denkmal kurzfristig für eine Renovierung entfernt. An seine Stelle wurde eine Holzkiste, aus der ein Pferdeschwanz ragte, gestellt, damit die Hannoveraner sich weiter ***»unterm Schwanz«*** treffen konnten.

188 // In Hannover werden die ***Zigarettenmarken*** Davidoff, West, R1, Bastos und P&S produziert.

189 // Der ganze Jazz-Klub »Jazzclub« in Linden wurde 1978 zum ***»Ehrenbürger« von New Orleans*** ernannt.

190 // Der Dadaist ***Kurt Schwitters*** las Hannover von hinten als »re von nah« und übersetzte es mit »rückwärts von nah«, wodurch Hannover von vorn also »vorwärts nach weit« heißen würde.

191 // 1998 wurde in Hannover der ***Revonnah-Verlag*** gegründet, und es gibt eine ***revonnaH Wirtschaftsberatung*** GmbH in Hannover.

192 // Bei den ***meistbesuchten Messen*** in Deutschland sind mit der CeBIT, der Hannover Messe und der Agritechnica drei in Hannover angesiedelte Messen unter den Top Ten.

193 // AUF FACEBOOK GIBT ES DIE SEITE »KIRSCHEN IN HANNOVER«, DIE ALLE IN HANNOVER VON EINER KÜNSTLERGRUPPE AUF FASSADEN VERTEILTEN ROTEN KIRSCHEN FOTOGRAFIERT.

---

194 // Im Hiroshima-Hain auf der Bult wurden 1987 ***110 Kirschbäume*** zum Gedenken an die 110.000 Atombombenopfer von Hannovers Partnerstadt Hiroshima eingepflanzt.

195 // Die Schwarzwälder Likör-Spezialität »Kirsch mit Ei« (Eierlikör mit Kirschwasser) der Brennerei Weisenbach wird in Hannover unter dem Namen ***»Hannoveraner Rührei«*** verkauft.

196 // Als einen »Mollenars« bezeichnet man im Norden einen unbeholfenen Menschen, auf Hannöversch ist es eine Person mit ***dickem Hintern***.

197 // 50.000 Jobs in Hannover sind von der ***Tourismuswirtschaft*** abhängig.

198 // Das ***Netz aller 38 üstra-Stadtbuslinien*** zusammen entspricht etwa der Strecke von Hannover bis Brüssel.

199 // In ganz Deutschland stehen ungefähr ***150 Schlauch-Automaten***, an denen man rund um die Uhr Continental-Fahrradreifenschläuche ziehen kann.

200 // DIE DREI AUTOS DER SKULPTUR »HANGOVER« UNTER DER RASCHPLATZHOCHSTRASSE, DIE LAUT KÜNSTLER ÜBER EINE VERFEHLTE AUTOPOLITIK IN EINER AUTOGERECHT GEPLANTEN STADT AUFMERKSAM MACHEN SOLL, STELLEN EINEN VW-BUS, EINEN VW-VARIANT UND EINEN VW-KLEINWAGEN DAR.

201 // Die Skulptur »Hangover« wurde vom ***Sohn des ehemaligen Bundespräsidenten*** Richard von Weizsäcker, Andreas von Weizsäcker, geschaffen.

202 // In Hannover gibt es ***fünf Millionen Quadratmeter Bürofläche***. Etwa fünf Prozent davon stehen leer.

203 // Auf dem Turm der Marktkirche hielt noch bis 1907 ein ***Turmwächter*** nach Feuern in der Stadt Ausschau und warnte mit einem Horn und einem roten Tuch oder einer Laterne.

204 // Die ***Pornoqueen*** der 1980er, Teresa Orlowski, baute 1988 in Hannover eigene TV-Studios auf, um den europäischen Markt mit Pornos zu überfluten.

205 // Die Kunstausstellung zur Expo 2000 im Stadtpark Langenhagen »***99 Standpunkte***« bestand nur aus ***62 Standpunkten***.

INNOVATRON

206 // Die Straßen, Wege und Plätze Hannovers werden von etwa ***52.000 Straßenleuchten*** erhellt.

207 // IN HANNOVER GIBT ES 59.085 GULLYS.

208 // Anlässlich des Besuchs von Barack Obama im April 2016 in Hannover wurden 2.000 ***Kanaldeckel versiegelt***.

209 // Die Musik, die aus dem Gully am Hauptbahnhof zu hören ist, kann man in einer Playlist im Internet unter ***www.gullyman.eu*** nachlesen.

210 // Das für den Auftritt der Kinder- und Jugendplattform EXPO 2000 auf der Expo 2000 in Hannover entworfene, heute in Dortmund stehende Big Tipi ist mit 35 Meter Höhe und einem Durchmesser von 25 Metern das ***größte Indianerzelt der Welt***.

211 // Die DHL Zustellbasis in der Nordstadt sortiert ***am Tag 8.000 Pakete und Päckchen.*** Zu Spitzenzeiten wie rund um Weihnachten sind es 16.000 pro Tag.

212 // Der ***Weltraumpionier*** Konrad Dannenberg, der u.a. am Bau der Mondrakete Saturn V für das Apolloprogramm, das den ersten Menschen zum Mond brachte, verantwortlich war, machte seine ersten Raketenversuche als Student der TU Hannover in der Vahnewalder Heide.

213 // In Hannover gab es einmal eine ***»Deutsche Hundekuchen«-Fabrik***.

214 // IM GEORGENGARTEN WURDEN 50 NEUE ABFALLEIMER INSTALLIERT, IN DIE KRÄHEN UND EICHHÖRNCHEN NICHT MEHR HINEINSCHLÜPFEN UND DEN UNRAT ÜBER DIE WIESE VERSTREUEN KÖNNEN.

---

215 // Der ***Flughafen Hannover*** hat pro Jahr durchschnittlich zehnmal so viele Passagiere wie Hannover Einwohner hat.

216 // Das kleinste ***Tier im Zoo Hannover*** ist die Blattschneiderameise mit 0,3 cm.

217 // Der 1676 gestorbene herzogliche Türwächter Christoff Münster, genannt der ***Lange Christoff***, war mit 2,48 Metern der größte Hannoveraner aller Zeiten.

218 // Die zu offiziellen Anlässen wie Staatsbesuchen oder der Ernennung der Bruchmeister getragene ***goldene Amtskette*** des Oberbürgermeisters von Hannover besteht aus 1,75 Kilogramm 18-karätigem ***Gelb- und Weißgold***.

219 // Das ***Stadtwappen*** in der Mitte der goldenen Amtskette besteht aus Weißgold, Emaille, Perlmutt, Saphir, Diamanten und Perlen im Wert von ***90.000 Euro***.

220 // Unter der Kuppel des Anzeiger-Hochhauses war seit seiner Eröffnung 1928 bis zum Zweiten Weltkrieg das ***höchste Planetarium Deutschlands*** untergebracht.

221 // IN HANNOVER GIBT ES ETWA 280 KIOSKE.

222 // Im Stadtteil ***Linden-Limmer*** stehen auf jedem Quadratkilometer durchschnittlich neun Kioske.

223 // Die amerikanische Linde heißt in US-amerikanischem Englisch ***»Linden«***, in britischem Englisch ***»Lime«***.

224 // Der Schriftsteller Heiko Postma stellt die nicht ganz ernst gemeinte These auf, dass die ***Reimform des Limericks*** in Hannover von einem angeblichen Dichter namens Jakob Daniel Hahnenknoop aus einer ***Lautverschmelzung*** der beiden Stadtteile Limmer und Ricklingen erfunden worden sei.

225 // Als die angeblichen ***Gebeine von Leibniz*** in der Neustädter Hof- und Stadtkirche beim Wiederaufbau der Kirche 1957 umgebettet wurden, vergaßen Bauarbeiter in der Gruft eine ***Bierflasche***.

226 // Die Elbinsel Hahnöfersand, auf der sich eine Jugendstrafanstalt und eine JVA für Frauen der Stadt Hamburg befinden, hieß früher ***Hannoversand***.

KIOSK
Hannoversche Allgemeine
KIOSK
Neue Presse
Lycamobile
Coffee to go
Presse - Tabak
Süßwaren
Prepaid Karten
Spirituosen
5GB
Lycamobile

227 // 1916 wurde in der Eilenriede eine ***»Waldstillstube«*** errichtet, eine Hütte, in der Mütter ihre Babys stillen konnten.

228 // DAS VERWALTUNGSGEBÄUDE DER NORD/LB AM AEGIDIENPLATZ STELLT IM TATORT MIT MARIA FURTWÄNGLER DES ÖFTEREN DAS LANDESKRIMINALAMT NIEDERSACHSEN DAR.

229 // Trainerlegende ***Giovanni Trapattoni*** bewarb sich nach der Entlassung von Mirko Slomka bei Hannover 96.

230 // Im Jahr 2016 kamen in Hannover 4.660 Kinder in die ***erste Klasse***.

231 // Der Oberhofgärtner der Herrenhäuser Gärten, Hermann Wendland, machte 1893 das ***Usambaraveilchen*** in der Botanikwelt bekannt.

232 // Im Königreich Hannover wurden 1836 alle alten ***Maße vereinheitlicht***.

233 // Ein alter ***Hannoverscher Fuß*** sind 29,21 Zentimeter.

234 // Der ***Fuß vor der Schenke »Barfuß«*** auf dem Holzmarkt ist Teil einer unvollendet gebliebenen Skulptur aus der NS-Zeit.

235 // DERSELBE KÜNSTLER, HANS-JÜRGEN BREUSTE, DER DIE FUSSSKULPTUR AUF DEM HOLZMARKT GESTALTET HAT, HAT AUCH DIE GRANITFAUST IN DER OSTERSTRASSE/ ECKE KLEINE PACKHOFSTRASSE GESCHAFFEN.

---

236 // Auf dem ***Grabstein des Künstlers Hans-Jürgen Breuste*** am Neuen St.-Nikolai-Friedhof in Hannover-Nordstadt steht: »es ist schon danach«.

237 // Der ***erste hannoversche Spielfilm*** war der 1906 gedrehte »Hauptmann von Köpenick«, in dem alle Schauspieler gleichzeitig auch hinter der Kamera tätig waren.

238 // Am Hauptbahnhof Hannover steigen täglich eine ***Viertelmillion Passagiere*** zu oder um.

239 // Mit dem schnellsten ICE fährt man ***von Hannover nach Berlin*** exakt so lange, wie man von Hannover zum Pariser Flughafen Charles-De-Gaulle fliegt, nämlich 1 Stunde und 35 Minuten.

240 // Funde bei Sarstedt legen nahe, dass ***Neandertaler*** in Hannover gelebt haben.

241 // Der VW-Händler »Autohaus Podbi« ging aus dem Autohaus »Podbi 306« von ***Petermax Müller*** hervor, der 1949 das einzige je in Hannover stattgefundene Autorennen »Maschseerennen« gewann.

242 // DER LEIBNIZTEMPEL IM GEORGENGARTEN WAR DAS ERSTE ÖFFENTLICHE DENKMAL IN DEUTSCHLAND FÜR EINEN NICHTADELIGEN.

243 // Die verlängerte Luftlinie zwischen der Zentrale der Evangelischen Kirche Deutschlands in Hannover-Herrenhausen und dem Leibniztempel im Georgengarten ***führt genau nach Mekka***.

244 // Die Entfernung ***Hannover – Mekka*** beträgt 4.296 Kilometer Luftlinie.

245 // 300 Polizisten durchsuchten 1997 das labyrinthartige Kellersystem unter dem ehemaligen ***Hanomag-Gelände***, in dem inzwischen die »Cyberhouse«-Technopartys stattfanden, und suchten vergeblich nach einem geheimen Ecstasy-Drogenlabor.

246 // Das Rasenlabyrinth in der Eilenriede, Überbleibsel einer germanischen Kultstätte, ist eines der vier letzten derartigen ***historischen Labyrinthanlagen*** in Deutschland.

247 // Das älteste vegetarische Restaurant Deutschlands, das Restaurant Hiller, steht in der ***Blumenstraße*** und bietet inzwischen nur noch vegane Speisen und Getränke an.

248 // Am 16. März 2016 widmete die Suchmaschine Google ihr Google-Doodle der ***hannoverschen Astronomin Caroline Herschel*** zu ihrem 266. Geburtstag.

249 // DAS CAFÉ »KAFFEEMÜHLE« AUF DER LISTER MEILE IST MIT ZEHN QUADRATMETERN DIE KLEINSTE GASTSTÄTTE HANNOVERS.

250 // Die am 6. Dezember 1898 von Emil und Josef Berliner in Hannover gegründete Deutsche Grammophon Gesellschaft (heute Universal Music Group) ist das ***älteste Schallplattenlabel der Welt***.

251 // 1907 brachte die ***Deutsche Grammophon*** die erste doppelseitige Schallplatte der Welt heraus.

252 // In den Jules-Verne-Romanen »Die Reise zum Mittelpunkt der Erde« und »20.000 Meilen unter dem Meer« kommt der ***»Rühmkorffsche Apparat«*** als Beleuchtungsmittel vor. Er basiert auf einer Erfindung des Hannoveraners Heinrich Daniel Rühmkorff.

253 // Unter dem Hauptbahnhof gibt es eine 1996 gebaute ***»Geister-U-Bahnstation«***, die nie benutzt wurde.

254 // Die ***Skulptur »Große Kugelform«*** Ecke Friedrichswall/Georgswall von Karl Hartung war 1956 die erste öffentlich aufgestellte abstrakte Plastik in Deutschland nach dem Zweiten Weltkrieg.

255 // 1960 wurde die Skulptur in Absprache mit dem Künstler als ***Symbol für das geteilte Deutschland*** umgewidmet und dafür mit der Zusatztafel »Einigkeit und Recht und Freiheit« versehen.

256 // IN DEN 1960ER-JAHREN WURDEN GEGEN HERUMLUNGERNDE GAMMLER AUF HANNOVERANER KINDERSPIELPLÄTZEN »SPIELPLATZ-TANTEN« EINGESETZT, DIE FÜR 20 PFENNIG DIE STUNDE AUF DIE KINDER AUFPASSTEN.

257 // Der einige Male verfilmte Roman von Jules Verne ***»Zwei Jahre Ferien«***, in dem eine Gruppe Schulkinder auf einer verlassenen Insel Schiffbruch erleiden, spielt auf der ***chilenischen Insel Hanover***.

258 // Die hannoversche Spezialität ***Brägenwurst*** heißt so, weil früher Schweinehirn zugegeben wurde. Aus dem Wort Brägen entwickelte sich das englische brain.

259 // Seit der BSE-Krise ist in der Brägenwurst ***kein Hirn mehr*** enthalten.

260 // In Hannover befindet sich an der Podbielskistraße die erste auf die High-Performance-Marke von Mercedes, AMG-Mercedes, ***spezialisierte Werkstatt*** Deutschlands.

261 // Rund um Hannover gibt es eine ***Radwanderroute,*** die ***»Julius-Trip-Ring«*** heißt.

262 // Auf dem Neustädter Friedhof am Königsworther Platz befinden sich die beiden ältesten erhaltenen ***islamischen Grabstätten*** auf deutschem Boden.

263 // DER BALLHOFBRUNNEN WURDE 1975 ERRICHTET UND VON SEINEM BILDHAUER HELMUT OTTO SCHÖN DEM KOMPONISTEN DER »CARMINA BURANA«, CARL ORFF, ZUM 80. GEBURTSTAG GEWIDMET.

---

264 // Ein ähnlicher Brunnen desselben Künstlers, der ***Wassermobilebrunnen*** in der Grundschule Droste-Hülshoff in München, ist dem Hauptdarsteller von Hitchcocks »Psycho«, ***Anthony Perkins*** gewidmet.

265 // Die drei Metall-»Bälle« des Ballhofbrunnens drehen sich durch die Bewegung des Wassers. Das macht ihn zum ***einzigen Aqua mobile*** Hannovers.

266 // Von 2005 bis 2013 hatte das ***Schützenfest*** Hannover als einziges Volksfest in Deutschland einen ***eigenen Radiosender***.

267 // Im September 1994 startete in Hannover der bundesweit erste Flottenversuch mit ***Erdgas-Niederflurbussen***.

268 // In Hannover heißt ***Tischfußballspielen »krökeln«***. Auf Alt-hannöversch nannte man eine Stange Kröke.

269 // Das Apollo-Kino in der Limmerstraße ***brannte im Mai 1981 aus***, weil ein Gast der Spätvorstellung eine Zigarettenkippe fallen ließ. Drei Monate darauf wurde es renoviert wiedereröffnet – mit dem Film »Viel Rauch um nichts«.

270 // DIE MERKURSTATUE AM HOLZMARKTBRUNNEN VOR DEM LEIBNIZHAUS TRUG VOR DEM ZWEITEN WELTKRIEG EINEN BART.

271 // Einige Meter vom Holzmarktbrunnen entfernt sind kreisrund verlegte Pflastersteine zu sehen. Hier stürzte 1983 ein Lkw in einen ***vergessenen mittelalterlichen Brunnenschacht.*** Er wurde aufgefüllt und die Pflastersteine in Erinnerung an den Brunnen rundherum angebracht.

272 // Die Firma Bahlsen stellte 1935 die ***ersten Salzstangen*** in Deutschland her. Klaus Bahlsen hatte die Idee dazu von einer USA-Reise mitgebracht.

273 // Die 327 Kilometer lange Schnellfahrstrecke ***Hannover-Würzburg*** war das längste zusammenhängende Neubauprojekt der Deutschen Bundesbahn und ist bis heute die längste ***Neubaustrecke für Hochgeschwindigkeitsverkehr*** in Deutschland.

274 // Laut telefonbuch.de gibt es ***56-mal den Nachnamen Hannover*** in Deutschland, keine einzige Person mit diesem Namen wohnt in Hannover.

275 // Der Telefunken-Ingenieur Walter Bruch meldete 1962 das ***PAL-Farbfernsehverfahren*** an, das 50 Jahre lang bis zur Einführung von HDTV das dominierende System in Europa war.

276 // Eine ***Bratwurst*** kostete auf der Expo 2000 bis zu ***9 D-Mark.*** Der heutige Kaufkraftwert läge bei 5,95 Euro.

277 // IN HANNOVER GIBT ES 5.000 ÖFFENTLICHE ABFALLEIMER.

---

278 // Die ***Skulptur »Makrokern 1290«*** von K-L Schmaltz an der Ecke Karmarschstraße/Schmiedestraße, die einen offenen Würfel darstellte, wurde 2009 entfernt, weil sie als »öffentlicher Abfalleimer« missbraucht wurde, und durch einen ***öffentlichen Fahrradständer*** ersetzt.

279 // In Hannover gibt es ein Zentrum für Kreative, das »Halle 96« heißt. In dem Gebäude befand sich davor die ***Werkhalle 96*** der Hanomag.

280 // 2016 klärte die Polizei im Raum Hannover ***62,12 Prozent*** ihrer Fälle auf.

281 // Mit der ***Erfindung der Schallplatte*** stach der gebürtige Hannoveraner Emil Berliner 1887 die Walzentechnik des Phonographen von Thomas Alva Edison aus.

282 // ***Emil Berliner*** erfand davor als Erster ein funktionstüchtiges Mikrofon für den Fernsprechapparat von Alexander Graham Bell.

283 // In US-Observatorien wurden 2015 erstmals Signale zweier verschmelzender schwarzer Löcher gemessen und damit die von Einstein vorhergesagte Existenz von Gravitationswellen bestätigt. Die ***Messtechnologie für die Gravitationswellen-Detektoren*** wurde von der Leibniz Universität Hannover entwickelt und in Ruthe bei Hannover getestet.

284 // IN HANNOVER GIBT ES EINEN EINZIGEN ÖFFENTLICHEN TAUBENSCHLAG. ER BEFINDET SICH UNTER DEM DACH EINES MEHRFAMILIENHAUSES IN LINDEN.

285 // 54,3 Prozent der Einwohner Hannovers leben in einem ***Einpersonenhaushalt***. Das ist neben Berlin der Spitzenplatz in Deutschland.

286 // Die ***Pferderasse Hannoveraner*** gehört zu den zahlenmäßig stärksten Warmblutzuchten der Welt.

287 // Der Hannoveraner ist ein typisches modernes ***Sportpferd im Rechteckformat***, also länger als hoch.

288 // Der ***Hauptsitz*** des »Hannoveraner Verbandes« befindet sich nicht in Hannover, sondern in ***Verden***.

289 // Der Schlachtruf des Rugbyclubs Hannover 78 ist ***»Bumelakka, tschingalakka, wuah!«***

290 // ***31 Prozent*** der Hannoveraner sind evangelisch und ***13 Prozent*** katholisch.

291 // Die Marktkirche hat auf ihrem ***Ziffernblatt*** die römische Zahl 4 als IV stehen, obwohl sie in der Uhrmacherkunst normalerweise mit vier Strichen IIII dargestellt wird, wie z. B. auf der Kröpcke-Uhr.

292 // Die Villa Effertz in Hannover-Kleefeld diente während des Zweiten Weltkriegs als »Anstalt für Germanische Volks- und Rassenkunde in der Gauhauptstadt Hannover«. 1945 hielt in ihr die neugegründete jüdische Gemeinde ***den ersten jüdischen Gottesdienst*** nach dem Zusammenbruch des NS-Regimes ab.

293 // DEN HAUPTBAHNHOF HANNOVER PASSIEREN TÄGLICH BIS ZU 750 ZÜGE.

294 // 45 Prozent der Züge entfallen auf die ***S-Bahn***, 33 Prozent auf ***Fernzüge*** und 22 Prozent auf ***Regionalzüge***.

295 // Die meisten Nahverkehrszüge halten auf ***Gleis 12***, die meisten Fernverkehrszüge auf ***Gleis 4***.

296 // Am Hauptbahnhof Hannover gibt es ***keine Gleise 5 und 6***. Im Zuge des U-Bahnbaus in den 1970er-Jahren wurde das Durchfahrtsgleis 5 zwischen Gleis 4 und 7 in Gleis 40 umbenannt und Gleis 6 zwischen Gleis 8 und 9 verlegt und in Gleis 80 umbenannt.

297 // Das Haus, in dem während der Hannoveraner ***Chaostage*** 1995 ein Penny-Markt gestürmt und leergeplündert wurde, ist heute ein ***Passivwohnhaus***.

298 // DIE LEIBNIZ-BÜSTE IM GEORGENGARTEN IST EINE KOPIE AUS BETON AUS DEM JAHR 2010 UND HAT 10.000 EURO GEKOSTET. DAS ORIGINAL AUS CARRARA-MARMOR STEHT IM SCHLOSSHOTEL HERRENHAUSEN.

299 // Der ***Wasserspiegel des Maschsees*** kann am Tag um bis zu 1,3 Zentimeter fallen. Das sind 10 Millionen Liter Wasser.

300 // Das Wasser für den Maschsee wird aus den ***Ricklinger Kiesteichen*** in ein Rohr, das in mehr als drei Meter Tiefe unter der Leine hindurchführt, gepumpt.

301 // Am Gartenfriedhof liegt Georg Friedrich Grotefend begraben, dem als Erstem die ***Entzifferung der jahrtausendealten Keilschrift*** gelang.

302 // Für einen neu eröffneten Laden von 100 Quadratmeter in der Hannover Georgstraße zahlt der Ladeninhaber durchschnittlich ***20.000 Euro Miete*** pro Monat.

303 // Der Pavillon POSTBOX auf der Expo 2000 stellte den ***größten Briefkasten der Welt*** dar.

304 // Die POSTBOX wurde nach der Expo 2000 umgebaut und ist heute ***Teil eines BMW-Autohauses.***

305 // IN HANNOVER GIBT ES 400 POSTKÄSTEN. DIE SPÄTESTE LEERUNG ERFOLGT AM ABEND BEREITS UM 20.30 UHR BEI INSGESAMT NUR DREI POSTKÄSTEN.

---

306 // Der Lindener Martin Beyer baut ***originalgetreue »Star Wars«-Schwerter*** aus Blitzgeräten aus den 1920er-Jahren nach und verkauft sie für 9.000 Euro und mehr an Sammler in den USA und in Japan.

307 // 2016 gab es in Hannover ***44.103 Studenten***. Die meisten, nämlich 39 Prozent, studieren Naturwissenschaften und Technik.

308 // Beim ***1. Frauen-Ruder-Club Hannover*** 1928 e.V. dürfen seit 1985 auch Männer mitrudern.

ATELIER
Artvigo
ZUR ABWECHSLUNG MAL
- SERVICE -
OUTLET SHOP
Böker
ATELIER
Maßanfertigung
Umarbeitung
Reparaturen
Sommerpflege
Spezialreinigung
www.citipost.de
Deutschland
zum
Spartarif
CITIPOST
Einfach. Gut. Geschickt

309 // Die deutsche Niederlassung der Firma WABCO in Hannover präsentierte bereits auf der Internationalen Automobilausstellung 1969 ein ***Blockierschutzsystem (ABS) auf Druckluftbasis***. Das dabei verwendete Ventilprinzip wurde bis heute beibehalten und von allen Mitbewerbern übernommen.

310 // In Hannover gibt es ***kein Drei- und kein Zwei-Sterne-Restaurant***.

311 // Im Jahr 2016 holte das Restaurant Jante am Braunschweiger Platz zum ersten Mal seit 11 Jahren wieder ***einen Stern nach Hannover***.

312 // Hannovers einziges Sterne-Restaurant ist in einem ***ehemaligen Klo-Häuschen*** untergebracht.

313 // 20 JAHRE LANG, VON 1987 BIS 2007 WAREN DIE RUNDEN KREISE IN DEN ZAHLEN 9 UND 6 DES HANNOVER-96-LOGOS GRÜN, 2007 WURDEN SIE WEISS.

314 // Das 1961 eröffnete Freizeitheim Linden in der Windheimstraße 4 war das ***erste Freizeitheim*** in Deutschland.

315 // Im Bereich der Staatsanwaltschaft Hannover gibt es ***67 Mordfälle***, die noch nicht gelöst wurden und die länger als ein Jahr zurückliegen.

96

316 // Im Juli 2011 knackte die Facebookseite von Hannover ***96*** die Marke von ***96.000*** Fans.

317 // Die Zeitschriften ***»Stern« und »Spiegel«*** wurden beide im Anzeiger-Hochhaus in Hannovers Innenstadt gegründet.

318 // Die ***erste Ausgabe des*** »***Spiegel***« wurde 1946 an Gartentischen und -stühlen auf der Rückseite von Pressemeldungen im sechsten Stock des Anzeiger-Hochhauses geschrieben.

319 // Auf Hannovers Stadtgebiet haben Bus-, Stadtbahn-, S-Bahn- und Nahverkehrslinien zusammen insgesamt ***1.900 Haltestellen***.

320 // Die ***Bordellstraße*** Hannovers, die ***Reitwallstraße***, hieß schon Mitte des 19. Jahrhunderts so.

321 // IN DER TIERÄRZTLICHEN HOCHSCHULE HANNOVER STEHT DAS EINZIGE ÖFFENTLICH ZUGÄNGLICHE VETERINÄRMEDIZINHISTORISCHE MUSEUM DEUTSCHLANDS. ES WAR DAS ERSTE DER WELT UND WEGWEISEND FÜR ETWA 40 ÄHNLICHE MUSEEN WELTWEIT.

322 // Die Tierärztliche Hochschule Hannover wurde unter dem Namen ***»Königliche Roß-Arzney-Schule«*** gegründet.

323 // ***Barack Obama*** trug sich anlässlich der Eröffnung der Hannover Messe im April 2016 mit einem ***Pelikan-Füller*** in das Goldene Buch der Stadt ein, den er anschließend als Gastgeschenk des Oberbürgermeisters mit nach Hause nahm.

324 // 464 Menschen standen 2014 gleichzeitig fünf Minuten lang auf dem Maschsee auf dem mit 540 Quadratmetern ***größten bemannten Holzfloß*** der Welt.

325 // Der Zoo Hannover war mit 1,16 Millionen Besuchern 2016 der ***siebtbestbesuchte Zoo Deutschlands.***

326 // 59,29 Millionen Deutsche ***kennen Hannover 96***.

327 // 10,27 Millionen Deutsche ***kennen Hannover 96 nicht***.

328 // Der Pänner-Garbe-Weg in der Südstadt hieß bis 1973 ***Penner***-Garbe-Weg.

329 // IN HANNOVER WERDEN 358.000 QUADRATMETER VERKAUFSFLÄCHE VON MÖBELHÄUSERN EINGENOMMEN.

330 // Das ***kleinste Designmuseum Deutschlands*** befindet sich in einer Art Kapsel in einem Möbelhaus am Braunschweiger Platz.

331 // Die berühmten ***Grand-Prix-Silberpfeile*** der 1930er-Jahre fuhren auf Reifen von Continental.

332 // 1909 fand in Hannover für die Firma Pelikan der ***erste Reklameflug Deutschlands*** statt.

333 // Der vom ***Radfahrer-Rennverein Hannover*** 1900 in der Eilenriede vom Pferdeturm zum Zoo angelegte Radweg war einer der ersten in Deutschland.

334 // Für das Fahren auf diesem ***Radweg*** musste damals von den Radfahrern eine ***Jahresgebühr*** von einer Mark gezahlt werden.

335 // Das erhalten gebliebene Expo-Dach ist mit 16.000 Quadratmetern das ***größte Holzdach der Welt.***

336 // Die größte Anzahl von Hannoveranern, die ***innerhalb Hannovers umziehen*** und in ihrem Stadtbezirk bleiben, sind mit 30 Prozent die Bewohner aus ***Ricklingen***.

337 // DER KÖRTINGBRUNNEN IN DER LISTER MEILE HEISST SO, WEIL ER AN DER KÖRTINGSTRASSE LIEGT. DIE WIEDERUM IST NACH DEM STRAHLPUMPENPIONIER ERNST KÖRTING BENANNT, DER IN DIESER STRASSE SEINE ERSTE PRODUKTIONSSTÄTTE HATTE.

---

338 // In der Gottfried Wilhelm Leibniz Bibliothek in Hannover befindet sich der ***wertvollste Brief der Welt***. Er wurde 1756 vom birmanischen König Alaungphaya an König Georg II. geschrieben und besteht zu 99,69 Prozent aus Gold.

339 // Obwohl der Brief in der Forschung bekannt ist und es zahlreiche Abschriften gibt, wurde er erst ***im Jahr 2006*** in der Gottfried Wilhelm Leibniz Bibliothek unter der Signatur IV 571 a ***wiedergefunden.***

340 // In der Medizinischen Hochschule Hannover wurde 1983 der ***erste klinische Kernspintomograph*** in Europa eingesetzt.

341 // Ein freistehendes ***Einfamilienhaus*** im Bestand kostet in Hannover durchschnittlich 280.000 Euro.

342 // Für die Renovierung des Ernst-August-Denkmals wurde der ***Kopf von Ernst August vom Körper abgetrennt.*** Mit Hilfe eines Teleobjektivs kann man die Stelle entdecken, an der der Hals abgeschnitten wurde.

343 // Die 1609 gegründete Gilde-Brauerei ist das ***älteste Unternehmen*** Hannovers.

344 // Die Gilde-Brauerei braute von 1991 bis 2001 das ***Kultbier »Bölkstoff«*** aus dem »Werner-Beinhart«-Film.

345 // VON DEN URSPRÜNGLICH 20 »FALKE-UHREN« GENANNTEN REKLAMEUHREN, DIE ALLE UNTER DENKMALSCHUTZ STEHEN, GIBT ES IN HANNOVER HEUTE NOCH ZEHN AN EXPONIERTEN STELLEN WIE GEORGSTRASSE, LISTER PLATZ ODER AEGIDIENTORPLATZ.

---

346 // ***Hebammen*** dürfen in Hannover im eingeschränkten Halteverbot und auf Bewohnerparkplätzen parken.

347 // Dieselbe Firma, die für den Hannover-96-Fanshop die ***»96-Champions-Lollis«*** herstellt, verkauft die Lutscher in jeweils anderen Vereinsfarben auch als BVB-, Werder-Bremen-, HSV-, Hertha-BSC- und VfL-Wolfsburg-Champions-Lollis.

348 // In der Hannoverschen Waggonfabrik (HAWA) wurde 1921 der Urahn aller Segelflugzeuge, das erste voll ***thermiktaugliche Segelflugzeug HAWA Vampyr*** gebaut.

349 // Auf dem Neustädter Friedhof steht das halbplastische Grabmal der 1716 im Alter von 15 Jahren gestorbenen Anna Margareta Borcherding. Sie ist als ***Geschnürte Jungfrau*** bekannt, die sich ihre Wespentaille so eng zugeschnürt haben soll, dass sie daran starb.

350 // 2015 stellte das ***Hauptzollamt Hannover*** 1.000.000 Zigaretten, 175 Kilogramm Tabak, 17.500 Gramm Amphetamine, 5.500 Ecstasytabletten und 46 Waffen und verbotene Gegenstände sicher.

351 // In Hannover gibt es folgende ***Straßen***: Bierweg, Kornstraße, Weinstraße, Am Kiffkampe, Am Graswege, Tripweg und Crystallstraße.

352 // DIE ANZAHL DER STRAFTÄTER MIT DEM SOGENANNTEN »ANTANZTRICK« HAT SICH DURCH VERSTÄRKTE POLIZEI-PRÄSENZ IN HANNOVER IM JAHR 2016 IM BEZUG ZUM VORJAHR HALBIERT.

353 // In einem Keller in Kleefeld entwickelte der damals 25-jährige ***Werner Sporleder*** 1951 aus einer Lampe und einem Weidezaun ein elektrisches ***Warn-Blinklicht für Baustellen*** und ersetzte damit die bis dahin gebräuchlichen windanfälligen Petroleumlampen.

354 // Die von Sporleder in Hemmingen bei Hannover angesiedelte Firma B.A.S. (Baustellenabsperrtechnik) entwickelte seither viele Neuerungen in diesem Bereich wie mobile Ampelanlagen, Absperrgitter und das heute in jedem Baumarkt erhältliche ***rot-weiße Flatterband***.

355 // In Linden-Süd gibt es eine der ***größten spanischen Gemeinden*** in Deutschland.

356 // Die RAF-Terroristin ***Ulrike Meinhof*** wurde in Langenhagen bei Hannover verhaftet. Ihr Anwalt hieß Heinrich Hannover.

357 // Mit einem im Eisenbahnausbesserungswerk Hannover-Leinhausen gebauten ***Schienen-Zeppelin*** erreichte Franz Kruckenberg 1930 auf einer Teststrecke die Geschwindigkeit von 230 Stundenkilometer, die erst 24 Jahre später übertroffen werden konnte.

358 // Die ***beliebtesten Babynamen*** in Hannover im Jahr 2016 waren Marie und Alexander.

359 // Der in Hannover drittbeliebteste Mädchenname ***Charlotte*** findet sich bundesweit nicht mal unter den Top Ten (Platz 23).

360 // DER LETZTE REST DER ALTEN CELLER HEERSTRASSE ZWISCHEN ERNST-AUGUST-GALERIE UND RASCHPLATZ WURDE 1999 AUFGEHOBEN UND AN DIE LISTER MEILE ANGEGLIEDERT. IN GOOGLE MAPS FINDET SICH 2017 IMMER NOCH DIE BEZEICHNUNG ALTE CELLER HEERSTRASSE FÜR DIESEN STRASSENABSCHNITT.

---

361 // Auf den Straßen im Raum Hannover werden täglich durchschnittlich 20 Menschen ***Opfer eines Taschendiebs***.

362 // In Hannover gibt es ein Parkhaus, ***das gar kein Parkhaus ist,*** sondern nur so heißt. Es steht in der Nienburgerstr. 17 und hat seinen Namen von seinem Ausblick auf die Herrenhäuser Gärten.

363 // Heute ist im Parkhaus das ***Institut für Geobotanik*** der Leibniz-Uni untergebracht.

364 // Die ***meisten ausländischen Touristen*** in Hannover kommen aus Großbritannien, gefolgt von den Niederlanden und den USA.

ERNST AUGUST GAL
ERNST AUGUST GALERIE
STARBUCKS COFFEE
RESERVED
REWE

Feuerwache-List

365 // Die ***ersten beiden Tankstellen in Deutschland*** wurden von der Firma Olex, Vorgänger der BP, in Köln und am Raschplatz in Hannover aufgestellt.

366 // An der Reichsautobahn standen ***Tankstellenhäuschen*** des Architekten Walter March, die »Hannover« hießen.

367 // Die ***erste deutsche Gastankstelle*** wurde 1935 in Hannover am Gaswerk Glocksee in Betrieb genommen.

368 // IM JAHR GEHEN BEI DER HANNOVERANER FEUERWEHR DURCHSCHNITTLICH 2.160 BRAND-FEHLALARME EIN.

369 // 93 Prozent der Hannoveraner sind mit den ***öffentlichen Verkehrsmitteln*** in Hannover zufrieden.

370 // Hannover hat extra für die verdreckten neuen weißen ***Bodenfliesen am Kröpcke*** zwei Nassreinigungsmaschinen »Cityjet 3000« zu je 130.000 Euro angeschafft.

371 // Hannover liegt durchschnittlich ***55 Meter über Normalnull***. Der tiefste Punkt Hannovers im Landschaftsschutzgebiet Klosterforst Marienwerder befindet sich ***44 Meter*** über Normalnull.

372 // In einer Kleingartenanlage in der Kolonie Waldfrieden in Buchholz werden in einem Projekt ***1,5 Tonnen Gemüse*** jährlich direkt für die ***Hannöversche Tafel*** geerntet und an Hilfsbedürftige verteilt.

373 // Pro Jahr befördert die ***üstra 163 Millionen Menschen***.

374 // Als der goldene Leibniz-Keks an der Bahlsen-Fassade im Januar 2013 gestohlen wurde, war das Unternehmen Bahlsen damit zwischen dem 24. Januar und dem 11. Februar 2013 ***595-mal in der deutschen Tages- und Wochenpresse*** vertreten, während es im selben Zeitraum 2012 nur 22-mal Erwähnung fand.

375 // DER GESTOHLENE GOLDENE LEIBNIZ-KEKS, DESSEN GEBACKENE VERSION 52 ZÄHNE HAT, WURDE AM 5. FEBRUAR (5.2.) AUF DEM GELÄNDE DER LEIBNIZ-UNIVERSITÄT AM HALS DES NIEDERSACHSENROSSES HÄNGEND ZURÜCKGEGEBEN.

---

376 // Das sogenannte Niedersachsenross vor dem Welfenschloss von Albert Wolff ist die ***Kopie des Pferdes*** seiner Figurengruppe »Löwenkampf« vor dem Alten Museum in Berlin.

377 // In der Region Hannover arbeiten 30 Institute und universitäre Einrichtungen im Bereich der ***Automobilwirtschaft***.

378 // US-Schwimmstar und Weltrekordhalter ***Ryan Lochte*** hat einen ***Ururgroßvater,*** Christian Heinrich Julius Lochte, der 1861 in Hannover geboren wurde und als Julius Henry Lochte nach Kanada auswanderte.

379 // In der Bar »Romantis« in der Lavesstraße in Hannover-Mitte findet man auf 80 Quadratmetern über ***400 Engel*** und ***42 Aquarien*** in der Dekoration.

Sparkasse
O2 Free
LOVE

380 // 2015 gab es mit ***2,2 Millionen*** das ganze Jahr über genauso viele ausländische Touristen in Hannover wie Besucher auf dem Maschseefest.

381 // Hannover hatte 1999 ***noch genau die Hälfte*** an Touristen pro Jahr: ***1,1 Millionen.***

382 // AUF DER KRÖPCKE-UHR BEFANDEN SICH URSPRÜNGLICH EINIGE MESSINSTRUMENTE WIE THERMOMETER, BAROMETER, HYGROMETER SOWIE EIN HANNOVERPLAN, EIN EISENBAHN-FAHRPLAN UND ZEITVERGLEICHE DER VERSCHIEDENEN HAUPTSTÄDTE EUROPAS MIT HANNOVER.

383 // Auf dem Gelände der Leibniz-Universität Hannover-Marienwerder steht der ***erste Windkraftturm der Welt*** aus Holz.

384 // Den ***Weihnachtsmarkt*** in Hannover besuchen jährlich etwa ***1,8 Millionen*** Menschen.

385 // Jeder Besucher gibt auf dem Weihnachtsmarkt ***durchschnittlich 12 Euro*** aus.

386 // In Hannover gibt es eine ***Schläger-, eine Nieschlag- und eine Zuschlagstraße***.

387 // Hannover 96 bekommt mit 10,354 Millionen Euro die meisten nationalen ***TV-Einnahmen der 2. Bundesliga.***

388 // Der Konzert- und Festsaal im Hannover Congress Centrum, der ***Kuppelsaal***, ist mit 3.600 Plätzen der ***größte klassische Konzertsaal*** Niedersachsens.

389 // Die sieben Kronleuchter des Kuppelsaals bestehen aus ***11.000 Kristallelementen und 1.200 LED-Leuchten***.

390 // IN DER LINDEMANNALLEE STEHEN ZWEI KROKODILSKULPTUREN, DIE FÜR DIE LÖWENBASTION KONZIPIERT WORDEN WAREN, DANN ABER GEGEN DIE LÖWEN VERLOREN.

391 // Die Leibniz-Kekse kamen als ***Eilenriede-Cakes*** auf den Markt und wurden ein Jahr später umbenannt.

392 // Da ***Gottfried Wilhelm Leibniz*** als kurfürstlicher Ratgeber für die ***Truppenverpflegung*** zuständig war, gab er den Soldaten auf Feldzüge ein ***Hartgebäck*** mit: die ersten in Hannover hergestellten Cakes. Das brachte Hermann Bahlsen auf die Idee, seine Cakes nach Leibniz zu benennen.

393 // ***Hermann Bahlsen erfand das Wort »Keks«*** 1911 als Umwandlung des englischen Wortes »cakes« (Kuchen), es wurde bald darauf in den Duden aufgenommen.

394 // 88 Prozent der Hannoveraner fühlen sich in ihrer Stadt ***tagsüber sicher***, nachts sind es nur 52 Prozent.

395 // Das ***kompakteste Faltrad der Welt*** kommt aus Hannover. Zusammengeklappt misst das »Kwiggle« nur 55 x 40 x 25 Zentimeter.

396 // HANNOVER WAR 1825 DIE ERSTE DEUTSCHE UND ERSTE KONTINENTAL-EUROPÄISCHE STADT MIT EINER ÖFFENTLICHEN GASBELEUCHTUNG.

397 // 1880 baute Hanomag als Prototyp eine der ersten ***Motorlokomotiven*** der Welt.

398 // Der ***Ballhof*** wurde im 17. Jahrhundert als Halle für Feste, aber auch fürs ***Federballspiel***, gebaut. Daher hat er seinen Namen.

399 // Im Ballhof befand sich in den 1920er-Jahren das »National-Theater-Restaurant«, das als erster nachweislicher ***Treffpunkt von Homosexuellen*** in Hannover gilt.

400 // 1939 zog in den Ballhof ein ***Heim der Hitler-Jugend*** ein.

401 // In der Eilenriede wurden früher ***Schweine zu freistehenden Eichen*** geführt, um sie mit herabgefallenen Eicheln zu mästen.

402 // Im ***Altar der Marktkirche*** ist in den Medaillons unten als Vierter von links der biblische Jakob, einmalig in der Kunstgeschichte, mit einer ***Brille auf dem Kopf*** dargestellt.

403 // Die Firma ***Bahlsen*** verwendete 1905, acht Jahre vor Henry Ford in den USA, eine ***Fließförderanlage,*** ein Vorläufer des Fließbands.

404 // IN HANNOVER KANN MAN IM HÖRSAAL B 305 DER LEIBNIZ-UNI, AUF DEM MASCHSEE-SOLARBOOT, IM MEYERS HOF IM ZOO, IN EINER HISTORISCHEN STRASSENBAHN UND IM WILHELM-BUSCH-MUSEUM STANDESAMTLICH HEIRATEN.

405 // ***»Im Kreise des Granatapfels«*** nennt sich eine 1999 in Hannover gegründete Freimaurerinnenloge.

406 // In Hannover gibt es ***12 Freimaurerlogen*** mit über 600 Mitgliedern.

407 // Von Goethe über Mozart bis zu Ernst August sind 108 Straßen und Plätze in Hannover ***nach Freimaurern benannt***.

408 // Den ***ersten automobilen Löschzug der Welt***, bestehend aus einer Gasspritze, einem Hydrantenwagen und einer Dampfspritze, nahm die Feuerwache Hannover-Nordstadt 1902 in Betrieb.

409 // Hannover und Dortmund waren im Jahr 2016 die einzigen beiden Großstädte Deutschlands über 500.000 Einwohner, in denen es ***kein Hotel*** der Kette »Motel One« gab.

410 // Im Bereich der Polizeidirektion Hannover ereigneten sich 2015 ***35.398 Verkehrsunfälle***.

411 // Im Raum Hannover wurden 2016 mit 170 Verletzten doppelt so viele ***Polizisten im Dienst*** schwer verletzt wie 2015.

412 // DAS FUTURISTISCHE GRÜNE LUFT-BOOT VON MASSIMO IOSA GHINI AM FRIEDRICHSWALL WAR DAS ERSTE HALTESTELLENHÄUSCHEN DES HANNOVERSCHEN PROJEKTS BUSSTOPS, DAS AN EINE ANDERE HALTESTELLE UMGESETZT WURDE.

---

413 // In den 1950ern nach dem Wiederaufbau Hannovers bezeichnete die italienische Zeitung »Momento Sera« Hannover prophetisch als ***»Stadt des Jahres 2000«.***

414 // Der drei Sekunden lange ***Erkennungs-Jingle der Expo 2000*** von der Kultgruppe Kraftwerk kostete 400.000 D-Mark.

415 // Die Langfassung des Kraftwerksongs »Expo 2000« war in Großbritannien auf ***Platz 27*** und in Deutschland auf ***Platz 35 in den Charts***.

416 // 1922 erfand der Hannoveraner Ingenieur Hermann Kemper das ***Prinzip der Magnetschwebebahn***, das zur Entwicklung des Transrapids führte.

417 // Die ***Farbe der Hannover-96-Trikots*** war nicht immer rot. In den 1920ern lief die Mannschaft komplett in Weiß auf, ab 1931 bis in die 1960er waren die Trikots weinrot, erst mit Beginn der Bundesliga 1964 wechselte Hannover zu dem aktuellen Rot.

418 // Die ***Taschendiebstähle*** am Hauptbahnhof Hannover haben im Jahr 2015 um 64 Prozent zugenommen.

419 // In Hannover leben die meisten Mitglieder der ***evangelischen Kirche*** Deutschlands. 2015 waren es 2.676.858.

420 // AUF HANNOVERS STADTGEBIET LEBEN RUND 25 BIBER. BIS 2006 GALTEN BIBER 200 JAHRE LANG AN DER LEINE ALS AUSGESTORBEN.

421 // Leibniz-Kekse haben deshalb ***52 Zähne***, weil Hermann Bahlsen aus ästhetischen Gründen befand, dass sie so am besten aussehen.

422 // »***Leibniz Vollkorn***« und »Leibniz Landkeks« besitzen nur ***38 Zähne***, weil der Teig gröber ist.

423 // Der ***goldene Leibniz-Keks*** an der Fassade des Firmensitzes von Bahlsen in der Podbielskistraße hat nur ***34 Zähne***.

424 // Im Schema der Zahnärzte hat der rechte obere seitliche ***Schneidezahn*** eines Milchgebisses die Nummer ***52***.

425 // Der ***Flughafen Hannover*** hatte im Jahr 2015 drei Prozent mehr Passagiere, aber 72 Prozent mehr Luftfracht als im Jahr davor.

426 // ***Kung-Fu-Europameister Kerim Duygu*** stellte beim Martial Arts Day 2016 in Hannover-Bothfeld einen Weltrekord auf: Er zertrümmerte 65 Baseballschläger in 60 Sekunden mit seinem Schienbein.

427 // Das Schützenfest Hannover ist das einzige Volksfest in Deutschland mit einem eigenen ***Gaypeople-Zelt***.

428 // DER SCHLOSSERMEISTER HENRY LÜDERS VERMACHTE DER STADT HANNOVER GRUNDSTÜCKE UND IMMOBILIEN, AUS DENEN Z. B. DER »WASSERGARTEN-LÜDERS-BRUNNEN« IN DER LISTER MEILE FINANZIERT WURDE. IM TESTAMENT IST AUCH BESTIMMT, DASS DIE HUNDE IN DEN HANNOVERANER TIERHEIMEN IMMER ZUM GEBURTSTAG VON HENRY LÜDERS EINE EXTRAWURST BEKOMMEN.

429 // Die Bethlehemkirche in Linden-Nord war 1997 die ***erste Kletterkirche*** Deutschlands.

430 // Die ***Bethlehemkirche*** ist eine der ersten ***elektrisch beleuchteten*** Kirchen Deutschlands: Der »Stern von Bethlehem« auf dem mittleren Turm und der Leuchter im Inneren beziehen seit 1906 ihr Licht von einer elektrischen Quelle.

431 // Die Firma Syntellix aus Hannover stellte 2013 die erste und einzige ***sich selbst auflösende Knochenschraube*** vor, die eine zweite Operation zur Entfernung der Schrauben überflüssig macht.

432 // Auf dem Stadtfriedhof Engesohde liegen der ***Flugpionier*** Karl Jatho und die ***Fledermausforscherin*** Elke Mühlbach begraben.

433 // Altkanzler ***Gerhard Schröder*** und der als Anwalt von Hells-Angels-Boss ***Frank Hanebuth*** bekannt gewordene ***Götz von Fromberg*** aßen in ihrer Referendarszeit zusammen oft ***Currywurst*** im Hannoveraner Traditionslokal »Plümecke«.

434 // Der Multimillionär und Gründer des Finanzunternehmens AWD ***Carsten Maschmeyer*** (»Die Höhle der Löwen«) hatte seine Villa im nach dem ***Räuber Jasper Hanebuth*** benannten ***Hanebuthwinkel 17***.

435 // Jasper Hanebuth war der ***Sohn eines Vollmeiers***.

436 // GOTTFRIED LEIBNIZ HATTE DIE IDEE ZUR EINRICHTUNG EINER FEUERVERSICHERUNG. AUF DIESER IDEE FUSST DIE BIS HEUTE AKTIVE VERSICHERUNGSGRUPPE HANNOVER VGH.

---

437 // Die am häufigsten ***mit Preisen ausgezeichnete Taschenmarke*** BREE wurde 1970 vom Designer Wolf Peter Bree und seiner Frau Renate in Hannover gegründet.

438 // Der erste Sieger des weltbekannten hannoverschen Motorradrennens ***Eilenriederennen***, Toni Bauhofer, gewann 1924 mit durchschnittlich ***78 Stundenkilometer***. Der letzte Sieger, Gerold Linger, gewann 1955 mit durchschnittlich ***140,1 Stundenkilometer***.

439 // Seit 2006 findet ein ***Laufwettbewerb*** statt, der ebenfalls den Namen ***Eilenriederennen*** trägt.

440 // Der Betreiber des bekannten Kiosks »Ollis Kiosk« an der Lutherkirche hat den ***mobilen Automaten »Cocktailbird«*** erfunden, der bei vielen Partys in Hannover eingesetzt wird. Per Tablet wählt man einen Cocktail aus, durch verschiedene Schläuche rinnen die Spirituosen maßgenau in ein Glas.

441 // Die ***Übernachtungszahlen von Touristen*** sind in Hannover seit 2004 um 54 Prozent gestiegen.

442 // Das ***575. Jubiläumsjahr 2015*** ging als bislang erfolgreichstes Jahr in die Annalen der ***Stadtbibliothek*** Hannover ein.

443 // 2015 wurden ***4.266.475 Bücher oder Medien*** in der Stadtbibliothek ausgeliehen. Die meisten davon sind mit 24 Prozent Sachbücher.

444 // FÜR DIE OFT ALS NAZI-KUNST KRITISIERTE SKULPTUR »MENSCHENPAAR« VON GEORG KOLBE AM MASCHSEE STANDEN SEINE FREUNDE, DAS JÜDISCHE GESCHWISTERPAAR RENATE UND HANS LOEWY, MODELL.

445 // Hannover hat namentlich eine Nordstadt, eine Oststadt, eine Südstadt, aber ***keine Weststadt***.

446 // In einer Weltkarte von 150 n. Chr. des griechischen Geografen Claudius Ptolemäus befand sich an der Stelle der heutigen Stadt Hannover die ***Germanensiedlung Tulifurdum***, was so viel heißt wie »Furt über den Schwellbach«.

447 // In China gibt es eine ***Kopie*** von Paris mit Eiffelturm, eine des österreichischen Dorfes Hallstatt, und in der Stadt ***Changde*** seit 2016 eine von Hannover.

448 // Ingenieure aus Hannover arbeiteten seit zehn Jahren an einem nachhaltigen Bewässerungssystem für den verschmutzten Fluss Chuanzi. So ergab sich in Changde auch die ***Nachfrage nach Hannoveraner Baukunst***.

449 // In Changde gibt es einen ***original Gullydeckel aus Hannover***. Da DHL den 80 Kilogramm schweren Gullydeckel nicht auf die Schnelle nach China transportieren konnte, packte Ratsherr Wilfried H. Engelke ihn ins ***Handgepäck*** und überreichte den Deckel persönlich in China.

450 // Zur Eröffnung der »Hannoverschen Straße« in Changde, bei der auch Hannovers Bürgermeister Schostok sprach, wurde ***bayerische Blasmusik*** gespielt.

451 // IN HANNOVER GIBT ES ETWA 4.000 OBDACHLOSE, EIN ZEHNTEL DAVON LEBT AUF DER STRASSE.

452 // Zwischen dem Hohen Ufer der Altstadt und der Calenberger Neustadt lag die ***Leineinsel Klein-Venedig***, die nach dem Zweiten Weltkrieg durch Zuschüttung eines Flussarmes verschwand.

453 // Die ***Pizza*** mit Thunfisch, Schinken, Mozzarella und Käse heißt in der Pizzeria Napoli in Linden-Süd »Steffi Graf«.

454 // Der Flughafen Hannover ist mit seinen drei Landebahnen für bis zu ***80 Starts und Landungen*** pro Stunde ausgelegt, zurzeit kommt er aber durchschnittlich auf ***31 Flugbewegungen*** pro Stunde.

455 // In der Bar »Lindwurm« in Hannover-Linden steht der Cocktail ***»Sex an der Leine«*** auf der Getränkekarte.

456 // Das 1921 erbaute Eilenriedestadion ist das ***älteste städtische Stadion*** Deutschlands.

457 // Das ***Eilenriedestadion*** hieß bei seiner Erbauung »Stadion der Stadt Hannover«, 1934 wurde es in »Hindenburg Kampfbahn« umbenannt, ab 1945 wurde es von der britischen Reiterarmee als »Hindenburg Stadion« benutzt, 1951 ging es als »Eilenriedestadion« zurück an Hannover und 2016 bekam es den offiziellen Namen »96 – Das Stadion«.

458 // Auf der linken Säule am Eingang des Eilenriedestadions steht immer noch der Name ***»Hindenburg Kampfbahn«*** in Stein gemeißelt.

459 // AM TURM DER MARKTKIRCHE KANN MAN ZWEI DAVIDSTERNE UND EIN PENTAGRAMM ERKENNEN. WER GENAU HINSIEHT, ENTDECKT DIREKT UNTER DER UHR ZWEI KREISE MIT EINEM RADKREUZ (STEHT FÜR EINEN HEILIGENSCHEIN) UND EINEM GABELKREUZ (STEHT FÜR EINEN LEBENSBAUM).

460 // Die Einwohner Hannovers sind durchschnittlich ***kaufkraftstärker*** als die Kölner, Bremer oder Dortmunder.

461 // Laut einer Satellitenauswertung der Zeitung »Berliner Morgenpost«, die auch bepflanzte Dächer, Privatgärten, Stadtbäume und begrünte Hinterhöfe miteinbezieht, sind 65,2 Prozent Hannovers ***mit Vegetation bedeckt***.

462 // Das jährliche ***Drachenboot-Rennen*** auf dem Maschsee begann 1995 mit ***acht Mannschaften***. Mittlerweile paddeln bis zu ***140 Teams*** mit insgesamt 3.500 Sportlern bei der größten Veranstaltung ihrer Art in Deutschland.

463 // Für einen Videodreh mit der britischen Rockband ***Coldplay am Eisstadion*** der Hannover Indians musste außerhalb der Saison extra zweieinhalb Wochen Eis aufbereitet werden.

464 // Auf dem Judenfriedhof in der Nordstadt liegen die ***Großeltern des Dichters Heinrich Heine*** (»Deutschland. Ein Wintermärchen«) begraben.

465 // Der ***älteste Grabstein*** auf dem Jüdischen Friedhof ist von 1654 und gehört Salomon Gans, der ebenfalls ein Vorfahre Heinrich Heines war.

466 // HANNOVER NAHM 2015 AN PARKGEBÜHREN 6,7 MILLIONEN EURO EIN.

467 // Das ***Goldene Buch*** der Stadt Hannover, in das sich Ehrengäste bei ihrem Besuch in der Stadt eintragen, besteht inzwischen aus ***drei Bänden***.

468 // Der Einband des Goldenen Buches ist aus Schweinsleder mit ***Blattgoldprägung***.

469 // Die gesamte Mannschaft von ***Hannover 96*** trug sich ***1954*** beim Titelerhalt Deutscher Meister und ***2002*** beim Aufstieg in die erste Liga in das Goldene Buch von Hannover ein.

470 // Der Name für das hannoversche Nationalgetränk ***Lüttje Lage*** geht wahrscheinlich auf den lateinischen Ausdruck »lagona« und den altdeutschen Begriff »lagella« für Krug, Flasche zurück.

471 // In der ***Marktkirche*** liegt angeblich der sprichwörtliche »deutsche Michel«. Der hier begrabene Reitergeneral Johann Mich(a)el Elias von Obentraut starb aber 1625, 84 Jahre nach dem nachweislichen Aufkommen des Namens »deutscher Michel«.

472 // Der ***Hinübersche Garten*** ist einer der ältesten Landschaftsgärten in Deutschland, die näher an der Natur nach ***englischem Vorbild*** und nicht nach streng formalen französischen Gartenprinzipien angelegt wurden.

473 // Im Hinüberschen Garten gab es einmal einen ***fiktiven Friedhof***, in dem Figuren aus einem damals populären Roman »begraben« waren.

474 // DAS KULTURZENTRUM PAVILLON AM WEISSEKREUZPLATZ WURDE IN DEN 1970ERN WÄHREND DES U-BAHN-BAUS ALS PROVISORISCHES AUSWEICHQUARTIER FÜR DAS DEFAKA (DEUTSCHES FAMILIEN-KAUFHAUS) ERRICHTET UND SOLLTE DANACH WIEDER ABGERISSEN WERDEN.

475 // Die drei »Nanas« am Leibnizufer sind die ersten ***realisierten Außenskulpturen*** von Niki de Saint Phalle in Deutschland.

476 // Der 14-jährige Ferdinand Wilhelm Fricke gründete 1878 den ersten ***Rasensportverein*** Deutschlands, den Rugby-Klub »Deutscher Fußballklub Hannover 1878«. Rugby und Fußball waren damals noch dasselbe.

477 // Ferdinand Wilhelm Fricke wollte Spielpartner für seine Rugbymannschaft haben und initiierte daher im Jahr 1896 die Gründung eines weiteren Rugbyvereins – das war die ***Geburtsstunde von Hannover 96***.

478 // ***1896*** wurde der FC Zürich gegründet, die Psychoanalyse erfunden, die Radioaktivität entdeckt, der erste Lkw von Gottfried Daimler gebaut, die Firma Peugeot ins Leben gerufen, und mit 38 Minuten fand der kürzeste Krieg der Weltgeschichte statt.

479 // 1915 wurde auf der Vahrenwalder Heide ein ***»Musterkriegsschauplatz«*** errichtet.

480 // Continental erfand 1908 die ***abnehmbare Felge*** für Tourenwagen.

481 // »Butjer« nannten die Hannoveraner alle Leute vom Land rund um Hannover, weil sie „von buten rin“ (von draußen rein) kamen. Die Lindener machten aus dem Schmähbegriff einen ***Ehrennamen*** und nennen sich bis heute stolz Butjer.

482 // VOR DER VOLKSBANK HANNOVER IN DER MINISTER-STÜVE-STRASSE IN LINDEN STEHT DER BUTJER MANIFESTIERT ALS DAS KUNSTWERK »LINDENER BUTJER« VON ULRIKE ENDERS.

483 // Die Hannoveraner Rockband ***»Fury in the Slaughterhouse«*** bestritt nach Beschwerden von Fans, dass ihr Bandname etwas mit dem Namen des Pferdes »Fury« aus der 1950er-TV-Serie zu tun habe. Die Bedeutung des Bandnamens sei nicht »Fury im Schlachthof«, sondern »Aufruhr im Schlachthof«.

484 // ***Lustrieren*** heißt auf Hannöversch Spaß haben.

485 // Der ***Bringdienst*** »Lorenzo« aus Mittelfeld ist vom Online-Portal »Lieferando« als bester Bringdienst Hannovers ausgezeichnet worden.

486 // Der »Döhrener Jammer« in Hannover-Döhren ist die letzte ***erhaltene Arbeitersiedlung*** in Norddeutschland.

487 // Die Arbeitersiedlung ***»Döhrener Jammer«*** hat ihren Namen vermutlich daher, dass die hier untergebrachten Arbeiter der Döhrener Wollwäscherei im 19. Jahrhundert miserabel bezahlt wurden und in jämmerlichen Wohnverhältnissen lebten.

488 // Bei der hannoverschen ***Telefonseelsorge*** rufen pro Jahr über 21.000 Menschen an.

489 // IN DER PRIMARK-FILIALE HANNOVER WAREN 2014 INSGESAMT 128 ÜBERWACHUNGS-VIDEOKAMERAS INSTALLIERT.

490 // In Hannover hängen mit 78 die ***meisten Videokameras in ganz Niedersachsen***. 23 davon zeichnen ständig auf. Laut eines Gerichtsbeschlusses dürfen aber nur 22 aufzeichnen.

491 // Im Internet kann man auf der ***Website der Polizei*** sehen, wo in Hannover die Videoüberwachungskameras stehen.

492 // Der »Deutsche Fußballverein 1878 Hannover« war einer der 86 ***Gründungsvereine*** des Deutschen Fußball-Bundes ***DFB.***

493 // Die meisten Menschen in Hannover sind in der ***verarbeitenden Industrie*** beschäftigt, dicht gefolgt vom Gesundheits- und Sozialwesen sowie Berufen in der Kfz-Branche.

494 // In Hannover betreiben fünf Landwirte die erste ***Biogasanlage*** Norddeutschlands durch Vergärung von Mais. Sie versorgt etwa 1.400 Haushalte mit Strom.

495 // Das Dach der HDI-Arena ist mit einer ***ETFE-Folie bespannt***, die über ***90 Prozent des UV-Lichts*** durchlässt. Daher muss der Rasen seltener ausgetauscht werden, weil er im Gegensatz zu anderen Stadien genug Licht abbekommt.

496 // Die EFTE-Folie der HDI-Arena ist ein ***Derivat*** des von Antihaft-Bratpfannen bekannten Stoffs ***Teflon.***

Luisenhof
Galleria Ca' d'Oro
SIDEWALK JUDGE

497 // DIE FIGUR »SIDEWALK JUDGE« VOR DEM HOTEL LUISENHOF STAMMT VON DEM US-KÜNSTLER SEWARD JOHNSON. ER IST EIN ENKEL DES FIRMENGRÜNDERS DES PHARMAZIERIESEN »JOHNSON & JOHNSON«.

---

498 // Der bisherige Rekord beim 5,8 Kilometer langen ***Lauf um den Maschsee*** beträgt 17 Minuten 36 Sekunden bei den Männern und 19 Minuten 31 Sekunden bei den Frauen.

499 // Hannovers ***Kioskbetreiber*** haben über 20 verschiedene Nationalitäten.

500 // Der spätere ***Hitler-Attentäter*** Claus Schenk Graf von Stauffenberg (»Operation Walküre«) lebte zwei Jahre in Hannover im Lister Kirchweg.

501 // In Hannover war Stauffenberg an der ***Kavallerieschule*** in der Vahrenwalder Straße tätig und kümmerte sich hier um das Bereiten von Pferden, unter anderem seiner Stute namens »Jagd«.

502 // Die ***»Pferd & Jagd«*** in Hannover ist Europas größte Messe für Reiten, Jagen und Angeln.

503 // In der Eilenriede stehen ***980 Sitzbänke***.

504 // ALS 1945 DAS NEUE RATHAUS GESPRENGT WERDEN SOLLTE, DAMIT ES DEN ALLIIERTEN NICHT IN DIE HÄNDE FÄLLT, RETTETE ES DER FELDWEBEL WILHELM PLENGE, INDEM ER DAS SA-SPRENGKOMMANDO IN EINEN RAUM SPERRTE UND DIE TELEFONLEITUNGEN ZUM HAUPTQUARTIER KAPPTE.

---

505 // Der Hannover-96-Spieler ***Salif Sané*** hatte 2016 einen Marktwert von fünf Millionen Euro.

506 // Das im 19. Jahrhundert unabhängige Linden war damals ***das größte Dorf Preußens.***

507 // In Deutschland existieren 54 Ortsteile, 4 Gemeinden und eine Stadt, die ***Linden*** heißen. Auf der ganzen Welt gibt es etwa 38 Linden, 23 davon in den USA.

508 // Ein umgebauter Rettungswagen ist als ***»Zahnmobil«*** in ganz Hannover unterwegs. In ihm können sich zweimal pro Woche Obdachlose und Flüchtlinge unentgeltlich zahnmedizinisch versorgen lassen.

509 // Am Ballhofplatz wurde von den Nazis ein ganzes Haus, das sogenannte Spitta-Haus, ***um 90 Grad gedreht***, damit der Eingang zum Ballhofplatz ausgerichtet ist. Er war als Paradeplatz für NS-Aufmärsche vorgesehen.

11 Haltenhoffstraße
11 Haltenhoffstraße 10 min
11 Haltenhoffstraße
11 Haltenhoffstraße 10 min

510 // An der Christuskirche in der Nordstadt haben sich der Architekt Conrad Wilhelm ***Hase,*** sein Mitarbeiter Louis Wilhelm ***Bähr*** und der Bauleiter Wilhelm ***Hauers*** als Wasserspeier in Form eines Hasen, eines Bären und eines Eberkopfs (an dem sich Hauer befinden) verewigt.

511 // Die Skulpturen der Portale der Christuskirche wurden um 1860 von den Bildhauern der Kölner Dombauhütte Peter ***Fuchs*** und Edmund ***Renard*** geschaffen. »Renard« ist französisch und heißt auf Deutsch »Fuchs«.

512 // Der nach dem Hannoveraner Schauspieler August Wilhelm Iffland benannte ***Iffland-Ring*** wird immer von seinem Träger per Testament an den »jeweils bedeutendsten und würdigsten Bühnenkünstler des deutschsprachigen Theaters auf Lebenszeit verliehen«. Iffland-Ringträger seit 1996 ist ***Bruno Ganz***.

513 // ***Iffland*** wurde im ***Leibnizhaus*** geboren.

514 // In Hannover gibt es ***20.000 Kleingärten***.

515 // 2016 FUHR DIE ÜSTRA-REFERENTIN RAMONA REICHEL AN EINEM EINZIGEN TAG ALLE 198 STADTBAHN-HANNOVER-STATIONEN AB.

516 // Die ***Schriftbalken*** am 1972 komplett renovierten Haus Knochenhauerstraße 34 über dem »***Café Konrad«*** ergeben zusammen keinen Sinn, da unvollständige Schriftbalken des im Krieg beschädigten Vorgängerhauses verwendet wurden.

517 // Auf dem Schild des »Café Konrad« sitzt die Kaffee trinkende Figur Konrad des ***Comiczeichners Ralf König***.

518 // Die ***Stadtbibliothek*** Hannovers geht auf eine Schenkung des Kirchherrn der Marktkirche an die Kirche im Jahr 1440 zurück. Damit ist die Bibliothek nach Nürnburg die ***zweitälteste*** Deutschlands.

519 // Im Kino 8 des Astor Grand Cinema wird der Zuschauer von ***60 Lautsprechern*** beschallt.

520 // IN HANNOVER SIND BISLANG 330 STOLPERSTEINE VERLEGT WORDEN.

521 // Die derzeit ***schnellste Mobilfunkstation*** Deutschlands mit dem Standard 4.5G steht in der Nähe des Flughafens Hannover.

522 // Durch diese Mobilfunkstation kann z. B. ein ***Musikalbum*** von 600 Megabyte in ***16 Sekunden*** heruntergeladen werden.

523 // Die Keimzelle des ***Reise-Unternehmens TUI*** war das »Reisebüro HANOMAG« in der Bornumer Straße 7, das ursprünglich aus einer internen Reisekoordination nur für HANOMAG-Mitarbeiter hervorging.

524 // Der Entdecker des Milzbranderregers und ***Nobelpreisträger Robert Koch*** arbeitete nach seinem Studium als Assistenzarzt in der zu Hannover gehörenden Heilanstalt in Langenhagen.

525 // Die Heilanstalt wurde 1862 unter dem Namen »***Heil- und Pflegeanstalt für geistesschwache und blödsinnige Kinder***« gegründet.

526 // Im Jahr 1998 entwickelte ein Ingenieur der üstra ein Verfahren, mit dem der Strombezug um ***350.000 D-Mark*** pro Jahr reduziert werden kann. Dafür erhielt er eine Mitarbeiterprämie von ***35.000 D-Mark***.

527 // Die bei U-Bahn-Arbeiten 1997 ***ausgegrabenen Eichenstämme*** am Waterlooplatz stammen aus der Zeit von 2000 bis 2400 v.Chr.

528 // Auf dem von Karl-Peters- in Bertha-von-Suttner-Platz umbenannten Platz ist der ***Gedenkstein*** für Karl Peters, einen der geistigen Väter des Nationalsozialismus, stehen geblieben. Auf der Seite des Denkmals wurde die Inschrift »Dem großen Niedersachsen Carl Peters der Deutsch-Ostafrika für uns erwarb« unkenntlich gemacht.

529 // Bob Dylan, Ron Wood (»Rolling Stones«), Bela B., Dave Stewart (»Eurythmics«), Marius Müller-Westernhagen, Johnny Depp, Peter Fox, Paul McCartney und viele andere spielen auf einer Gitarre des ***Hannoveraner Instrumentenbauers Duesenberg.***

530 // Barack Obama bekam von der Stadt Hannover nach seinem Besuch im April 2016 als Gastgeschenk eine ***Original Duesenberg-E-Gitarre,*** Modell C.C., für ***Linkshänder*** mit der Gravur »Barack Obama«.

531 // DIE HANNOVERANER STADTBAHNEN FAHREN ZEHN PROZENT IHRES WEGES DURCH TUNNEL.

532 // Am 17. August 1982 wurden von der PolyGram, die aus der Deutschen Grammophon hervorging, in Langenhagen ***die ersten CDs*** der Welt produziert.

533 // Das von Friedrich Jacob Seeger 1743 in Hannover gegründete Geschäft »Tee Seeger« war die ***erste Teespezialitätenhandlung*** Deutschlands.

534 // Die durch die Trinkerszene am Raschplatz notwendige zusätzliche ***Straßenreinigung*** kostet 85.000 Euro im Jahr.

535 // ***Ernst August von Hannover*** urinierte am 15. Juni 2000 gegen den türkischen ***Expo-Pavillon***. In der kurz darauf vom Expo-Gelände übertragenen Sendung »Wetten, dass..?« war ein Vorschlag für die Saalwette, fünf Türken zu finden, die an den deutschen Pavillon urinieren.

536 // Die ***Fläche des Fürstentums Monaco*** passt hundertmal in die Fläche von Hannover.

537 // Auf den Seitentüren des Kirchenschiffs der ***Bethlehemkirche*** sind Hakenkreuze zu erkennen. Die befinden sich dort schon seit 1906 und stellen eine »Swastika« dar, ein altes religiöses Glückssymbol.

538 // Mussolini bekam 1937 bei einem Zwischenaufenthalt in Hannover ein ***Reitpferd*** geschenkt.

539 // DIE TÜRGRIFFE AM OPERNHAUS HANNOVER HAT 1950 DER BILDHAUER KURT LEHMANN GEFERTIGT. 30 JAHRE SPÄTER WURDE SEIN SOHN HANS-PETER LEHMANN FÜR 21 JAHRE DIREKTOR DIESES OPERNHAUSES.

540 // Operndirektor Hans-Peter Lehmann saß mit seiner Schwester seinem Vater Kurt Lehmann Modell für die ***Plastik »Spielende Kinder«.*** Die befand sich am Brunnen in der Grupenstraße in der Altstadt.

541 // Der Hannoveraner Andrej Mangold machte mit seinen Mitinhabern bei der Show ***»Die Höhle der Löwen«*** mit dem geschmacklich neuartigen Kaugummi »Das Kaugummi« einen Deal mit Juror Ralf Dümmel. Seine Produkte sind nun bislang in allen »tegut«- und »Budni«-Filialen erhältlich, von denen es ***keine in Hannover*** gibt.

542 // Nach einer Fahrpreiserhöhung von 33 Prozent bei den Verkehrsbetrieben klebten 1969 in Hannover Autofahrer ***einen roten Punkt an die Windschutzscheibe*** und beförderten Fahrgäste so lange umsonst, bis die Verkehrsbetriebe einknickten.

543 // ***Asphalt***, der am ***Heisterberg in Ahlem*** Anfang des 20. Jahrhunderts abgebaut und mit Asphaltstaub der Karibikinsel Trinidad vermischt wurde, wurde in den Metropolen der Welt von ***St. Petersburg bis New York*** verlegt.

544 // In ihrem Lied »Zu hässlich für München« singt Barbara Schöneberger: »Zu hässlich für München, zu dumm für Berlin, zu trendy für Bautzen, zu prollig für Wien, zu pleite für Hamburg, zu reich für Schwerin […], ***ich zieh nach Hannover***, denn da gehör ich hin.«

545 // Das Gebäude der Polizeidirektion Hannover steht auf ***2.224 Buchenstämmen***.

546 // Auf dem ***Turm der Polizeidirektion*** Hannover, Ecke Hardenbergstraße/Waterlooostraße, stellen zwei Reliefs die ***Polizei als Freund und Helfer*** dar, die Armen und Alten zur Seite steht und eine Mutter vor Tagedieben schützt.

547 // ÜBER DIE GANZE HAUSFRONT KRAMERSTRASSE 10 IST IN 24 TEILEN DAS BILDNIS DER GLÜCKLOSEN PRINZESSIN SOPHIE DOROTHEA ZU SEHEN.

---

548 // Prinzessin Sophie Dorothea hatte eine Liebesaffäre mit dem 1694 plötzlich verschollenen Graf von Königsmark, dessen ***Knochen*** angeblich im August 2016 beim Einbau eines ***Fahrstuhls im Leineschloss*** gefunden worden sein sollten. Eine Untersuchung ergab, dass es nicht seine waren.

549 // Ein alter traditioneller Soldatenmarsch heißt ***»Der lustige Hannoveraner«***.

550 // Die Hindenburgschleuse, heutiger Name: Schleuse Anderten, ist aus den Steinen einer alten ***Befestigungsanlage auf Helgoland*** gebaut.

551 // Die Schleuse, in der in ca. 15 Minuten ein Schiff 14,7 Meter in die Höhe gehoben wird, passieren pro Jahr etwa ***22.000 Schiffe***.

CAN BAR & RESTAURANT
JERRY'S
AMERICAN BAR & RE

552 // Die meisten Straßen rund um den Sahlkamp sind ***nach Grimm-Märchen benannt*** (Rotkäppchenweg, Froschkönigweg, Rapunzelweg). Nur die 2003 dazugekommenen Aladinweg und Pinocchioweg haben nichts mit den Brüdern Grimm zu tun.

553 // ***Aurelia »Orli« Wald***, auch »Engel von Auschwitz« genannt, lebte von 1947 bis zu ihrem Tod in Hannover und ist auf dem Stadtfriedhof Engesohde begraben, der direkt an der »Orli-Wald-Allee« liegt.

554 // ***David Hasselhoff*** landete auf dem Weg aus den USA zur Silvesterparty 2015 nicht in Berlin, sondern wegen des Wetters in Hannover und musste mit dem Auto nach Berlin fahren.

555 // DER RECHTE TÜRGRIFF DER MARKTKIRCHE IST HELLER ALS DER LINKE, WEIL MAN IHN BERÜHREN MUSS, UM DIE TÜRE ZU ÖFFNEN. AUSSERDEM UNTERSCHEIDEN SICH DIE VIERECKIGEN LÖCHER AUF BEIDEN TÜRGRIFFEN.

---

556 // Das 1959 von ***Gerhard Marcks*** gestaltete ***Portal der Marktkirche*** bezieht sich für die Verhältnisse der 1950er-Jahre recht deutlich auf die NS-Diktatur und zeigt z.B. einen Naziredner und zwei Zuhörer mit zum Hitlergruß erhobenen Händen sowie eine Hinrichtung am Galgen.

557 // Die Gestapo Hannover ermittelte vor dem Krieg insgesamt ***gegen 20 Pfarrer*** u. a. wegen Verweigerung des Hitlergrußes.

558 // Eine Haltestelle der Stadtbahnlinie 2 heißt ***»Papenwinkel«***. Es gibt und gab weder eine Straße, noch einen Bezirksteil, noch eine Kleingartenkolonie mit diesem Namen.

559 // 2009 wurden in Hannover im Rahmen eines Austausches von Haltestellenschildern und -masten rund ***200 Haltestellen umbenannt.***

560 // Hannover 96 erhielt in der Saison 2015/16 ***333.000 Likes*** bei Facebook und ***44.000*** bei Instagram.

561 // Auf dem Grundstück Hardenbergstraße/Waterlooostraße, auf dem 1903 die ***Polizeidirektion*** Hannover neu gebaut wurde, hat man jahrhundertelang ***Holz gelagert.***

562 // Jedes Vollzeitbeschäftigungsverhältnis am Hannover Airport zieht in der Region Hannover weitere 1,1 Beschäftigungsverhältnisse nach sich. Das heißt, der Flughafen generiert ***8.800 zusätzliche Jobs*** bei Zulieferern, Dienstleistern oder Versorgungsunternehmen.

563 // HANNOVER WAR DIE ERSTE STADT DEUTSCHLANDS, DIE MIT DEM »EXPERIMENT STRASSENKUNST« KUNST IM ÖFFENTLICHEN RAUM FÖRDERTE UND DAZU 1970 FÜR 1,4 MILLIONEN D-MARK 27 KUNSTWERKE ANKAUFTE.

---

564 // Auftakt für das Straßenkunstprogramm war im August 1970 ein Altstadtfest. Es war das ***erste Altstadtfest in Deutschland***.

565 // Die ***Tiertränke für Vögel, Hunde und Pferde*** direkt vor der Erlöserkirche ist das Duplikat eines Brunnens, der in ganz Hannover um 1900 ungefähr 17-mal aufgestellt war.

566 // Das Niedersächsische Landesarchiv (Hauptstaatsarchiv) in Calenberg-Neustadt ist das ***älteste Archivgebäude*** Deutschlands, das noch seinem ursprünglichen Zweck dient.

567 // Die Firma Sprengel-Schokolade in Hannover stellte die ***mit Koffein versetzte Schokolade*** »Scho-ka-kola« in der runden Metalldose her. Im Zweiten Weltkrieg war sie Teil der Luftwaffenverpflegung und wurde als »Fliegerschokolade« bezeichnet.

568 // »Scho-ka-kola« ist ein Medipack in dem World-War-2-Egoshooter-Spiel ***»Call of Duty 1«***.

569 // Die Gedenkplatte aus Granit mit dem Abbild der Friedensgöttin Kannon im Hiroshima-Hain stammt aus der ***Pflasterung*** zwischen den Straßenbahnschienen in ***Hiroshima***. Sie befand sich etwa 200 Meter nördlich des Explosionspunktes der Atombombe auf Hiroshima.

570 // Der Heilige, nach dem die ***Aegidiuskirche*** benannt ist, gilt als Helfer für stillende Mütter und bei der Beichte.

571 // DAS TET-ZEICHEN MIT DER SCHLANGE AUF DEN LEIBNIZ-KEKS-PACKUNGEN HAT DIE ALTÄGYPTISCHE HIEROGLYPHE TET ZUM VORBILD (EIGENTLICH »DT«, AUSGESPROCHEN »DSCHET«) UND STEHT FÜR »EWIG« UND »DAUERND«.

572 // Auf Youtube gibt es eine nach alten Plänen gefertigte Simulation der sogenannten ***TET-Stadt.*** Es handelt sich um eine Retortenstadt, die ***Keksfabrikant Hermann Bahlsen*** für seine Beschäftigten nahe Hannover bauen lassen wollte.

573 // Die hannoversche Kronsberg-Siedlung ist auf dem Weltstädtegipfel (World Cities Summit) 2012 in Singapur als eines der hundert ***innovativsten Infrastrukturprojekte*** der Welt ausgezeichnet worden.

S-FABRIK
ER

574 // Für eine Reportage in der »ZEIT« schlich sich der Enthüllungsjournalist ***Günter Wallraff*** als Obdachloser in die ***Notunterkunft am Welfenplatz*** ein. Er bezeichnete dieses Erlebnis als das Schlimmste seiner Reportage, die ihn durch mehrere Städte führte.

575 // In Hannover ging 1826 das ***erste Gaswerk*** in Deutschland in Betrieb.

576 // In Hannover findet seit 2015 die ***WM im Vertical Marathon*** statt. Dabei muss die Marathondistanz von 42,195 Metern vertikal in einem Treppenhaus gelaufen werden.

577 // Beim Treppenhaus-Marathon laufen die Läufer 194-mal die 13 Etagen des Anna-Stift-Berufsbildungswerks an der Wülfeler Straße hinauf und herunter, das sind insgesamt ***83.808 Stufen***.

578 // AM HANNS-LILJE-PLATZ MARKIERT EIN SCHWARZES PFLASTERSTEINKREUZ DEN SOGENANNTEN VIERKIRCHENBLICK, VON DEM AUS MAN DIE TÜRME DER MARKTKIRCHE, DER AEGIDIENKIRCHE, DER KREUZKIRCHE UND DER NEUSTÄDTER KIRCHE SEHEN KANN.

579 // Das Vierkirchenblick-Kreuz war eines der sieben Wahrzeichen, das die ***wandernden Handwerksgesellen*** kennen mussten, um zu beweisen, dass sie in Hannover Station gemacht hatten.

580 // Gegenüber der Leibnizbibliothek steht das ***Denkmal für den Bademeister der Kadettenschule*** an der Waterloostraße Diederich Schrader. Er rettete 560 Menschen vor dem Ertrinken und versetzte den Burschen danach als Lektion eine Tracht Prügel.

581 // Der ***erste Friedhofsbagger*** der Welt entstand unter Mitwirkung der Stadt Hannover.

582 // Im ehemaligen Krematorium des Stadtfriedhofs Seelhorst gibt es ein ***Friedhofsmuseum***.

583 // Die 7,20 Meter hohe ***Buddha-Statue*** der vietnamesischen Pagode Viên Giác in Mittelfeld ist die größte in Europa.

584 // Der ***Name der Pagode Viên Giác*** bedeutet auf Deutsch »Vollkommene Erleuchtung«.

585 // Der Bund für Familiensport und freie Lebensgestaltung Hannover hat mit seinem 640.000 Quadratmeter großen Grundstück rund um den Sonnensee in Misburg das ***größte vereinseigene FKK-Gelände*** Europas.

586 // DIE BUSSE DER ÜSTRA LEGEN IM JAHR 13,6 MILLIONEN WAGENKILOMETER ZURÜCK.

---

587 // Das britische Oberkommando gab als Grund für den ***Angriff auf Hannover im Oktober 1943*** an, dass Hannover dem Österreicher Hitler zur deutschen Staatsbürgerschaft verholfen hätte. Tatsächlich wurde Hitler in Braunschweig zum Regierungsrat ernannt und auf diesem Wege eingebürgert.

588 // Das ***WOK-Museum*** Hannover (»World Of Kitchen«) auf der Lister Meile ist das erste und größte Museum für Küchen Europas.

589 // Im norddeutschen Raum bedeutete der Begriff »***List***« früher »Ort am Waldrand«.

590 // Bis 2016 die Nutzung der öffentlichen Toilettenanlagen kostenlos wurde, hatte die Stadt pro Jahr ***40.000 Euro an Toilettengebühren*** eingenommen.

591 // Seit 2016 werden die öffentlichen Toiletten von der Werbefirma Ströer ***gereinigt***, die dafür ein Viertel der ***Plakatwerbeflächen*** der Stadt umsonst bekleben darf.

592 // Sebastian Kurbach, Archivar bei Hannover 96, ist Deutschlands ***erster Historiker*** mit Festanstellung bei einem ***Profi-Fußballverein***.

593 // IM ZOO HANNOVER LEBEN 1.842 TIERE AUS 177 ARTEN.

---

594 // Die bisherigen letzten drei ***Marathon-Weltrekorde*** wurden zwischen 2011 und 2014 auf adidas-Laufschuhen mit Sohlen aus ***speziellen Gummimischungen*** von Continental gelaufen.

595 // Das ***Kinder-Maskottchen von Hannover 96*** »Eddi« ist einem Hannoverschen Schweißhund nachempfunden.

596 // Das ***»Menschenfressergrab«*** am Gartenfriedhof an der Marienstraße heißt so, weil der Name des verstorbenen Zimmermeisters Heinrich Andreas Jakob Lutz etwas unglücklich auf der Gedenktafel abgetrennt ist:
»HEIN
RICH
ANDRE
AS
JAKOB
LUTZ«
Als Satz gelesen: »Heinrich André aß Jakob Lutz«.

597 // Das älteste der ***Stadtmodelle*** im Neuen Rathaus von Hannover im Jahr ***1689*** ist ein Zahlenanagramm des Gründungsjahres vom Hannoverschen Sportverein von ***1896***.

598 // In Hannover fand mit 17.000 Menschen im Januar 2015 die ***drittgrößte Anti-Pegida-Demo*** statt.

599 // Bei der Parade zum 90. Geburtstag von ***Queen Elizabeth II.*** fiel ihr neongrünes Kleid auf. Als sie Hannover 1965 besuchte, war sie kanariengelb angezogen.

600 // Im heutigen Planungsbüro Geffers in Linden war früher der Katholische Arbeiterverein Linden ansässig. Deshalb und wegen seiner Bauart wurde das Gebäude im Volksmund ***»Katholischer Bahnhof«*** genannt.

601 // DAS MAHNMAL »GERICHTS-GEFÄNGNIS HANNOVER« AN DER LISTER MEILE IST DAS ERSTE STÄDTISCHE MAHNMAL DER BUNDESREPUBLIK, DAS AUSDRÜCKLICH AUCH AN DIE VERFOLGUNG HOMOSEXUELLER IN DER NS-ZEIT ERINNERT.

602 // Die 1929 bis 1931 errichtete Stadtbibliothek Hannovers ist die erste in Deutschland, die in die Höhe gebaut wurde. So entstand der ***erste Büchereiturm*** Deutschlands.

603 // Von Ravensburger gibt es exklusiv bei Galeria Kaufhof Hannover je ein ***1000-Teile-Puzzle*** des Welfenschlosses und des Neuen Rathauses Hannover.

604 // Jäger erlegten im Raum Hannover in der Jagdsaison 2015/2016 ***494 Waschbären***.

605 // Das ***Dorf Schulenburg-Nord*** neben dem Flughafen Hannover wurde im Zuge der Flughafenerweiterung plattgemacht. Nur noch die Straße »Schulenburg-Nord« erinnert an das Dorf.

606 // ***Wilhelm Busch*** studierte Maschinenbau an der Polytechnischen Schule Hannover, aus der die Leibniz-Uni hervorging.

607 // Einzelne ***Teile des »Hermannsdenkmals«*** im Teutoburger Wald wurden von ihrem Erbauer Ernst von Bandel in seiner Werkstatt in Hannover angefertigt.

608 // DER ALTSTADT-FLOHMARKT AN DER LEINE IST DER ÄLTESTE FLOHMARKT DEUTSCHLANDS.

609 // Seit 2006 dürfen auf dem Altstadt-Flohmarkt ***keine Fahrräder*** mehr verkauft werden.

610 // In Hannover sind zehn fest installierte ***Blitzer-Anlagen***, drei Kombi-Anlagen (die Geschwindigkeitsüberschreitungen und Missachtung von Rotlicht blitzen) sowie zwei mobile Blitzgeräte im Einsatz.

611 // Im Jahr 2016 wurden ***10.500 Autofahrer*** von Kombi-Blitzgeräten dabei erwischt, wie sie ***bei Rot über die Ampel*** fuhren.

612 // Eines der drei 2016 neu aufgestellten Kombigeräte wurde im selben Jahr von einem Autofahrer auf der Vahrenwalderstraße ***umgefahren***.

613 // Die Podbielskistraße ist nach ***Viktor von Podbielski*** benannt, ein preußischer Offizier und Landwirtschaftsminister, der sich, als er wegen einer Bestechungsaffäre zurücktreten musste, für den Pferdesport und die Olympischen Spiele einsetzte.

614 // Im Jahr 1950 wurde das ***Opernhaus Hannover*** als erstes Theater Westdeutschlands nach dem Krieg mit dem »Rosenkavalier« von Richard Strauss wiedereröffnet.

615 // Der Autor des Weltbestsellers »Im Westen nichts Neues«, ***Erich Maria Remarque***, arbeitete als ***Redakteur für die »Continental«-Werkszeitung.*** Er verfasste für »Continental« Werbesprüche und die Comicserie »Die Contibuben«.

616 // DER GORLEBEN-TRECK VON 1979 VOM WENDLAND NACH HANNOVER MIT ETWA 100.000 TEILNEHMERN WAR DIE BISHER GRÖSSTE DEMONSTRATION IN NIEDERSACHSEN UND BIS DAHIN DIE GRÖSSTE ANTI-ATOM DEMONSTRATION IN DEUTSCHLAND.

617 // Das ***Bundessortenamt für die Zulassung von Pflanzensorten*** und den rechtlichen Schutz von neuen Pflanzensorten hat seinen Sitz in Hannover-Groß-Buchholz.

618 // Von etwa ***900 Anmeldungen für neue Pflanzensorten***, die jährlich im Bundessortenamt in Hannover eingehen, werden nur 15 bis 25 Prozent zugelassen.

619 // Der ***Hermesturm*** am Messegelände wurde 1958 fertiggestellt. Bis zum Restaurantgeschoß ist er 68,8 Meter hoch, bis zur Spitze ***88,8*** Meter.

620 // Nach den Luftangriffen auf Hannover waren 90 Prozent der Innenstadt zerstört und ***7,5 Millionen Kubikmeter Schutt*** mussten weggeräumt werden.

621 // Der in Hannover 1982 gestorbene Künstler Karl Montag baute ab seinem 40. Lebensjahr autodidaktisch ***20 Geigen,*** die laut einem Gutachten der Physikalisch-Technischen Bundesanstalt in Braunschweig dem ***Klang einer Stradivari*** nahekamen.

622 // Das ***Europa-Haus*** am Kröpcke war der erste Neubau eines Geschäftshauses in Hannover nach dem Zweiten Weltkrieg.

623 // Zwei ***Nobelpreisträger*** waren Professoren und einer Dozent an der Uni Hannover.

624 // DER VOLLE NAME VON ERNST AUGUST VON HANNOVER LAUTET ERNST AUGUST ALBERT PAUL OTTO RUPPRECHT OSKAR BERTHOLD FRIEDRICH-FERDINAND CHRISTIAN-LUDWIG PRINZ VON HANNOVER HERZOG ZU BRAUNSCHWEIG UND LÜNEBURG KÖNIGLICHER PRINZ VON GROSSBRITANNIEN UND IRLAND.

---

625 // Von 1. Januar 2015 bis 1. Januar 2016 ***zogen 8.900 Menschen nach Hannover***, 580 davon haben einen deutschen Pass.

626 // Der ***Döhrener Turm*** an der Hildesheimer Straße lag nie im Stadtteil Döhren, sondern immer schon in der Südstadt.

627 // Über den Döhrener Turm führt die ***nächtliche Flugroute der Wasserfledermaus*** von der Eilenriede zum Maschsee. Deshalb wird der Turm seit 2008 im Winter nur dezent und in den Sommermonaten gar nicht angeleuchtet.

628 // Im Jahr 2013 waren noch Oliver Schostok und Hauke Jagau (SPD) in voller Größe auf je einem Stadtbahnwagen plakatiert. Seit 2016 ist ***Wahlwerbung auf üstra-Fahrzeugen*** verboten.

629 // Auf 110 Einwohner Hannovers kommt ***ein Abfalleimer***.

630 // Hannover bekommt pro Tag durchschnittlich ***4,3 Sonnenstunden*** ab.

631 // Oliver Pocher begann seine ***Karriere als DJ*** in Discos und Klubs in Hannover.

632 // DER HANNOVERANER DJ MICHAEL GÜRTH, DER U.A. IN DER OSHO DISCO ODER DEM CAPITOL AUFLEGT, TRÄGT SEIT SEINEM EINSATZ BEIM 60. GEBURTSTAGS VON ALTKANZLER GERHARD SCHRÖDER 2004 DEN BEINAMEN »KANZLER-DJ«.

633 // Im Garten der St.-Nicolai-Kirche stehen ***drei Eichen***, die 1941 zum hundertjährigen Jubiläum der Deutschen ***Nationalhymne*** gepflanzt wurden.

634 // Der Schöpfer der Nationalhymne, ***Heinrich Hoffmann von Fallersleben***, kam oft nach Bothfeld zu seiner Schwester und seinem Schwager, um schließlich hier 51-jährig, um die Hand seiner 18-jährigen Nichte Ida anzuhalten.

635 // VW in Hannover ist mit 750 Azubis der ***größte Ausbildungsbetrieb*** in der Region Hannover.

636 // 2015 wurden in Hannover ***6.441 Zivilprozesse*** geführt, etwa 1.000 mehr als im Jahr davor.

637 // Rund um Hannover begegnen einem immer wieder ***blau gestrichene*** Zäune, Bänke, Straßenlaternen, Holzpfosten, Bordsteinkanten oder Gullydeckel. Sie markieren den »Grünen Ring«, einen 160 km langen Fahrradweg rund um Hannover, der hauptsächlich durch die Natur fernab der Autorouten führt.

638 // Der ***letzte König von Hannover,*** Georg V., war ***blind.***

639 // Die ***Blindenanstal***t in Hannover, in der sich das Blindenmuseum befindet, wurde am Geburtstag des blinden Königs Georg V. am 27. Mai 1845 eröffnet.

640 // DIE FRAUENSKULPTUREN AUF DEM ANDREAS-HERMS-PLATZ HINTER DEM KOMMUNIKATIONSZENTRUM PAVILLON WURDEN IN ANLEHNUNG AN DEN ROMAN VON ELIO VITTORINI »DIE FRAUEN VON MESSINA« GESCHAFFEN. DARIN GEHT ES UM DEN AUFBAU EINER GLEICHBERECHTIGTEN GESELLSCHAFT, ABER AUCH UM DEN INNEREN ZERFALL DURCH FORTSCHREITENDE ZIVILISATION.

---

641 // Die ***Treppen und Rampen***, die vom Andreas-Herms-Platz zum Pavillon führen, hätten der Zugang zum neuen hannoverschen Schauspielhaus werden sollen, das in den 1960er-Jahren hier geplant war.

642 // Im Heiligen Römischen Reich Deutscher Nation war Hannover nach den Preußen und den Habsburgern ***die dritte Macht***.

643 // Die Künstlerin Christiane Möbus schenkte der Stadt ***Göttingen*** an Anlehnung an das Hannoveraner Ernst-August-Denkmal mit seiner Inschrift »Dem Landesvater/Sein treues Volk« einen identischen Denkmalsockel (ohne Reiter und Pferd) mit der Aufschrift »Dem Landesvater/Seine Göttinger Sieben«.

644 // Bei der Enthüllung des Kunstwerks »Dem Landesvater/ Seine Götttinger Sieben« 2014 war ***statt 1837*** das Jahr 1827 als Geburtsjahr von König Ernst August eingraviert.

645 // Das Hannoveraner Ernst-August-Denkmal stand ***während des U-Bahn-Baus 1971*** vorübergehend auf dem Platz der Göttinger Sieben.

646 // Im Institut für Werkstoffkunde der Leibniz Universität Hannover steht ein neuartiges ***1,8 Millionen Euro teures Zeiss-Röntgenmikroskop***.

647 // IM NEUEN RATHAUS GIBT ES ÜBERMALTE KLEINE HÄUSCHEN AN DER WAND. ES SIND ALTE FEUERMELDER VON 1913.

648 // Die Neue-Deutsche-Welle-Band Steinwolke (»Katharine«) und die Rockgruppe Scorpions ***probten im Helmkehof*** in Hainholz, einer früheren Gummifabrik.

649 // 1968 gab es in den ehemaligen Kröpcke-Lichtspielen ein ***Senioren-Kino***, das unter dem Titel »Das gab's nur einmal« einmal wöchentlich Filme der 1920er- bis 1950er-Jahre zeigte.

650 // Der Flughafen Hannover ist Norddeutschlands einziger Verkehrsflughafen, der ***rund um die Uhr*** angeflogen werden kann.

651 // Bei den Figuren der »Göttinger Sieben« auf dem Platz der Göttinger Sieben vor dem Landtag hat sich der ***Künstler Floriano Bodini*** selbst als Jacob Grimm und seinen Bruder Arturo Bodini als Wilhelm Grimm dargestellt.

652 // Am Schiffgraben zwischen Finanzministerium und Sparkassenverbandsgebäude hat sich der Künstler ***Timm Ulrichs*** hundertfach in Form von eigenen Kopfabgüssen in der ***Skulptur »Kopfsteinpflaster«*** verewigt.

653 // Die »***EuroTier***« in Hannover ist die weltgrößte Fachausstellung für Tierhaltung und Tiermanagement.

654 // In der Saison 2010/11 hatte Hannover 96 gar keine ***Transfereinnahmen***, 2015/16 wurden 13,5 Millionen Euro eingenommen.

655 // Jeder Kieferchirurg kennt den ***Stromeyer-Haken***, mit dessen Hilfe ein Jochbeinbruch operiert werden kann. Der Hannoveraner Chirurg Louis Stromeyer entwickelte diesen Haken 1844.

656 // Die ***Radrennbahn in Hannover-Wülfel*** ist eine der schnellsten nicht überdachten ***Sommerbahnen*** der Welt.

657 // Die Radrennbahn ist genau ***333,3 Meter*** lang und aus afrikanischem Afzelia-Holz gefertigt. Das sorgt für geringen Reibungswiderstand und Beständigkeit.

658 // DIE PLASTIK »DIE WANDERER« VON MICHAEL F. OTTO AUF DEM GEORGSPLATZ IST DIE EINZIGE VERBLIEBENE SKULPTUR DER ZEITLICH BEGRENZTEN KUNSTAKTION »BLATTSCHUSS« DER FACHHOCHSCHULE HANNOVER.

659 // Eine Gutachterkommission der Stadt befand 2006 über »Die Wanderer«: »Die Arbeit wird zwar dem Anspruch eines temporären Hochschulprojekts seiner Zeit gerecht, ist jedoch formal ***nicht überzeugend genug***, um dauerhaft im öffentlichen Raum zu verbleiben.« Die Skulptur steht 2017 immer noch da.

660 // Der Musikproduzent ***Mousse T. (»Sex Bomb«)*** hat sich nach der Expo 2000 im ehemaligen belgischen Pavillon ein Studio eingerichtet.

661 // AM WATERLOOPLATZ IN HANNOVER SOLL EINE ABHÖRZENTRALE ENTSTEHEN, DIE DIE GESAMTE TELEFONÜBERWACHUNG DER NORDDEUTSCHEN KÜSTENLÄNDER FÜR DAS LANDES-KRIMINALAMT ÜBERNIMMT.

662 // Der Gedenkstein von Georg Freiherr von Baring vor dem Hauptstaatsarchiv Hannover ruht auf ***vier Kanonenkugeln aus der Schlacht von Waterloo***.

663 // Die Tierärztliche Hochschule Hannover ist die älteste noch bestehende und ***einzige eigenständige veterinärmedizinische Lehrstätte*** Deutschlands.

664 // Seit 2015 hat Hannover 96 eine ***Unihockey- oder Floorball-Mannschaft***.

665 // Mit dem ICE fährt man von ***Hannover nach Bremen*** exakt eine Minute weniger als eine Stunde.

666 // Auf dem Fries am Alten Rathaus ist das sogenannte mittelalterliche »Strebkatzenziehen« abgebildet. Die knienden Kontrahenten bekamen ein ***Tuch um die Nacken*** gebunden und mussten den anderen mindestens drei Ellen zu sich ziehen.

667 // IN HANNOVER GAB ES 2015 INSGESAMT 278.942 WOHNUNGEN IN WOHNHÄUSERN, MIT 39.697 DIE MEISTEN DAVON IN VAHRENWALD-LIST.

668 // 2015 waren in Hannover ***229 Großbetriebe*** mit mehr als 250 Beschäftigten und ***43.923 Kleinstbetriebe*** mit bis zu neun Beschäftigten gemeldet.

669 // Wer sich auf Hannöversch »anbuckt«, will auf Hochdeutsch ***schmusen.***

670 // Der ***Wunschring auf dem Holzmarktbrunnen***, der Wünsche wahr werden lassen soll, wenn man ihn dreimal wortlos nach links dreht, ist eine Hommage an den Wunschring am Schönen Brunnen in Nürnberg.

671 // Der Telegrafendirektor und Vorsteher der Fernsprechämter Hannover, Louis Hackethal, erfand den ***isolierten Draht und den Isolator.*** Beide ermöglichten das Telefonieren ohne Nebengeräusche.

672 // Beim Schützenfest 2015 brauten die Bruchmeister erstmals ihr ***eigenes Bier*** »1303« (benannt nach der ersten urkundlichen Erwähnung der Bruchmeister), das sie in 350 ***Champagnerflaschen*** abfüllten.

673 // Zwischen Badenstedter und Davenstedter Straße standen die »Lindener Eisen- und Stahlwerke«, die teils noch vorhandene Gullydeckel für Hannover herstellten. Auf diesem Gebiet ist heute eine ***Kleingartenkolonie*** angesiedelt, die sich »Lindener Eisen und Stahl« nennt.

674 // DAS WASSER DES MASCHSEES IST BISLANG EIN EINZIGES MAL DURCH DEN ABLAUF IN DER MITTE DES SEES FÜR EINE REINIGUNG KOMPLETT ABGELASSEN WORDEN.

675 // Im Jahr 2005 erschien bei der Schweizer Post eine Briefmarke mit der bekannten ***»Stein-Maus«*** des Hannoveraner Cartoonisten Uli Stein.

676 // Die Reinigung der ***Dornröschenbrücke*** nach der legendären alljährlichen ***Gemüseschlacht*** zwischen Lindenern und Nordstädtern am ersten Septemberwochenende kostet etwa 700 Euro.

677 // Unter den Soldaten, die am 10. April 1945 das ***KZ-Außenlager Hannover-Ahlem*** befreiten, war der spätere US-Außenminister ***Henry Kissinge***r.

678 // Die ***Feuerwehr Hannover*** wurde am 1. Januar 1880 als 25. Berufsfeuerwehr in Deutschland gegründet.

679 // Die wegen ihrer regelmäßigen Gospelgottesdienste bekannte ***Erlöserkirche*** in Linden-Süd wurde 1880 als ***Zionskirche*** eingeweiht. Auf Druck der Nazis hat man sie in Erlöserkirche umbenannt. Einem Antrag auf Rückbenennung wurde nach dem Krieg nicht stattgegeben, deshalb heißt sie auch heute noch Erlöserkirche.

680 // In der heutigen Telekom-Kantine auf dem Hanomag-Gelände fand 1946 der ***erste Parteitag der SPD*** nach dem Zweiten Weltkrieg statt. Der Leitgedanke des noch ungeschriebenen sozialdemokratischen Programms war »Hilfe für alle Elenden und Schwachen«.

681 // IN HANNOVER GIBT ES RUND 5.500 BAUDENKMÄLER.

682 // Die Kronsberg-Siedlung ist die erste Wohnsiedlung in Deutschland mit über 70 Hektar Größe, die flächendeckend in ***Niedrigenergiehaus-Bauweise*** errichtet wurde.

683 // In Hannover-Linden-Süd steht seit 2008 in der Limmerstraße das »Pfefferhaus«, das ***erste Chilifachgeschäft Deutschlands.*** Es verkauft Produkte wie Chili-Lollipops, Chili-Weingummi und Chili-Popcorn.

684 // Vorbild für das ***Hannover Congress Centrum*** war das ***Pantheon*** in Rom.

685 // Der älteste lebende Baum Hannovers steht in der Freiluftschule Burg in Hannover-Herrenhausen. Es ist eine etwa ***800 Jahre alte Eiche***.

686 // Hannover verlor 1647 das Recht, Münzen zu drucken, da der Unternehmer Johann Duve in der Münzprägeanstalt aus Sparsamkeit ***minderwertige Münzen*** herstellte.

687 // Der hannoversche Gartenfriedhof ist der ***einzige Friedhof Niedersachsens***, der in der App »Wo sie ruhen – Berühmte Grabstätten auf historischen Friedhöfen in Deutschland« zu finden ist.

688 // DIE SKULPTUR »KOPF MIT 12 AUGEN« VON HORST ANTES AM GEORGSPLATZ HAT AUF BEIDEN SEITEN 12 AUGEN (EINES WIRD VON DER HAND VERDECKT), SO DASS DER KOPF EIGENTLICH 24 AUGEN HAT.

689 // Die 1893 in Hannover nahe dem Hauptbahnhof gegründete AKA-Radiergummifabrik war ***eine der ältesten Radiergummispezialfabriken*** Deutschlands und durch ihre Sortenvielfalt Wegbereiter von Radiergummis als Markenartikel.

690 // Die ehemaligen Straßen ***Hammerstraße, Feilenstraße und Zirkelstraße*** bildeten im 19. Jahrhundert in Linden eine Arbeitersiedlung, die man »Klein-Rumänien« nannte.

691 // Das gesamte Inventar des »Irish Pub« in der Brüderstraße ist auf einem ***Flohmarkt in Dublin*** gekauft worden.

692 // Im ***Konzertlokal »Kanapee«*** in der List ist der Eintritt eine ***freiwillige Spende***, die nach der Vorstellung in einen berüchtigten Plastikzylinder gegeben wird, der möglichst nicht »klappern« sollte.

693 // Das Magazin »Der Feinschmecker« kürte 2016 die 500 ***besten Bäckereien*** Deutschlands, darunter waren ***zwölf aus Hannover und Umgebung***.

694 // DAS GLOCKENSPIEL AUF DER AEGIDIENKIRCHE IST SEIT 1988 COMPUTERGESTEUERT.

---

695 // Die Friedensglocke im Turmeingang der Ruine der Aegidienkirche ist eine Nachbildung der Glocke im ***Friedenspark von Hiroshima***.

ROM 1200 km
BERN 650 km
ALGIER 1850 km
TOULON 1100 km
MONTEVIDEO 11700 km
SANTIAGO 12200 km

696 // Die Kupferplatten der Kuppel des Anzeiger-Hochhauses wurden bei seinem Bau 1926 bis 1928 mit den ersten ***industriell gefertigten Dübeln*** befestigt.

697 // Die ***Grasdachsiedlung Laher Wiesen*** in Bothfeld war 1984 die erste komplette Siedlung in Europa, die mit begrünten Dächern gebaut wurde.

698 // AUF DER VOM KRÖPCKE IN DIE NIKI-DE-SAINT-PHALLE-PROMENADE VERLEGTEN WINDROSE IST DIE ENTFERNUNG VON HANNOVER NACH MONTEVIDEO MIT 11.700 KILOMETERN ANGEGEBEN. IN WIRKLICHKEIT SIND ES ABER 11.602 KILOMETER.

---

699 // Die ***erste und längste Rolltreppe*** Hannovers am Kröpcke wurde ***1975*** errichtet und braucht genau ***57*** Sekunden, um einen Passagier vom Bahnsteig zur Niki-de-Saint-Phalle-Ebene zu befördern.

700 // Die St.-Nikolai-Kirche in Hannover-Limmer ist nach dem ***heiligen Nikolaus*** benannt. Die Adresse der St.-Nikolai-Kirche ist die ***Sack-Mann-Straße***.

701 // Der Hauptbahnhof Hannover hat ***1.024 Schließfächer***.

702 // Seit Januar 2017 gibt es bundesweit einmalig einen ***Rettungswagen für verletzte Wölfe*** in Hannover und Umgebung. In Hannover selbst leben keine Wölfe.

703 // Vom Norden Hannovers (Langenhagener Reuterdamm) bis zum Süden (Bockmerholz in Wülferode) wandert man bei konstanter Geschwindigkeit von 5 Stundenkilometern etwa ***4 Stunden und 20 Minuten***.

704 // Im Bürgeramt Podbi-Park gibt es laut Schild offiziell ein ***»Hintergrundbüro«***. Gemeint ist damit ein Back Office (Büro ohne Kundenkontakt).

705 // Hannovers Georgstraße und Bahnhofstraße sind jedes Jahr mit durchschnittlich 8.607 Passanten pro Stunde ***unter den Top 10 der meistbesuchten Einkaufsmeilen*** Deutschlands.

706 // Drei ***Kioske*** in Hannover sind denkmalgeschützt.

707 // Von 1997 bis 1998 war ***»Hanno, der Wolf«*** ein ungeliebtes Plüschmaskottchen von Hannover 96.

708 // 2015 WURDEN IN HANNOVER 96 EHEN MEHR GESCHLOSSEN ALS IM JAHR DAVOR.

709 // Im ***»Hannover-Haus« in Changde*** ist ein Original-Pult aus dem Neuen Rathaus von 1913 zu sehen, und das goldene Buch der Stadt Hannover kann digital durchgeblättert werden.

710 // Es gibt eine Hannover-96-Ausgabe von ***Monopoly***.

711 // AUF HANNOVERS FASSADEN KANN MAN AN EINIGEN STELLEN HISTORISCHE EINHÖRNER ENTDECKEN Z. B. AM LANDTAG, AM HAUPTSTAATS-ARCHIV UND AM MARSTALLTOR (MIT ABGEBROCHENEM HORN).

MIRELA STANLY IST IN MÜNCHEN GEBOREN. SIE SCHRIEB ZAHLREICHE SKETCHE, DREHBÜCHER UND KONZEPTE FÜR RADIO UND FERNSEHEN.

Für den Emons Verlag hat sie bereits mehrere Bücher in der »Unnützes Wissen«-Reihe geschrieben, u.a. Köln, Berlin, München und Frankfurt. Sie lebt in Köln.